죄와 벌

Crime and Punishment

표도르 도스토예프스키

다락원 WILEY
Publishers Since 1807

세계의 교양을 읽는다

고전을 왜 읽는가?

인간의 삶과 세상에 대한 영원한 물음이 있기 때문이다. 시대와 사상을 뛰어넘어 지금 여기 우리에게 필요한 물음이 없는 고전은 더이상 고전이 아니다. 인간과 삶에 대한 근원적인 물음 없이 고전을 읽는다면 자신과 인간에 대한 성찰과 지혜로 이어지지 않는다. 논술 시험 때문에, 과제물 때문에, 아니면 남들이 읽으니까, 나도 읽는다는 식이라면 그 책은 죽은 책일 수밖에 없다.

고전을 살아 있는 책으로 만드는 이 '물음!'에 답하기 위해서는 좋은 길잡이가 필요하다. 40년 이상 미국의 고교생과 대학 주니어들이 시험, 에세이 작성, 심층토론 준비를 위해 바이블처럼 애용해온 'CliffsNotes'와 'SPARKNOTES'는 바로 그런 좋은 길잡이의 표본이다. 이 두 시리즈가 원조 논술연구모임인 '일이관지(一以貫之)' 팀의 촌철살인적 해설을 곁들여 〈다락원 명작노트〉로 재탄생해 논술로 고민중인 대한민국 학생 여러분을 찾아간다.

CliffsNotes와 SPARKNOTES의 가장 큰 장점은 방대하고 난해한 고전을 Chapter별로 요약하고 분석해서 원전의 내용에 보다 쉽고 체계적으로 접근하는 신속·간편성이라고 할 수 있다. 여기에 '一以貫之'팀이 원전의 중요한 문제의식, 즉 근원적 '물음'은 무엇이며, 그 '물음'은 오늘날에도 여전히 유효한가, 라는 질문을 다시 던진다.

대입논술로 고민하고, 자칭 타칭의 고전이 넘쳐나는 오늘의 독서풍토에서 지적 정복이 긴박한 대한민국 학생들에게 감히 이 시리즈를 자신 있게 권한다.

一以貫之 논술연구모임 연구실장 이호곤

이 책의 활용법

CliffsNotes와 SPARKNOTES는 방대한 원작을 보다 쉽게 이해할 수 있도록 돕는 안내서입니다. 원작 이해를 돕기 위해 작가와 작품에 대한 배경 지식, 그리고 매 장마다 간단한 '줄거리'와 '풀어보기'가 실려 있습니다. '줄거리'를 통해서는 원작의 내용을 명쾌하게 파악함으로써 독서의 즐거움을 느낄 수 있을 것입니다. '풀어보기'에는 원작에 담긴 문학적 경향, 등장인물의 심리상태, 시대상, 주제 등을 설명해 놓았습니다. 비판적 글읽기의 바탕이 되는 요소들이죠. 비판적 글읽기는 소설과 비소설 작품을 막론하고 책을 읽을 때 꼭 필요한 자질입니다.

그 밖에도 작품을 좀더 심오하게 분석할 수 있도록 '마무리 노트', 'Review' 등을 마련해 놓아 독자 여러분의 글읽기를 돕고 있습니다.

CliffsNotes에는 특히 관심을 갖고 읽어야 할 필수요소를 강조하기 위해 다음 네 가지 아이콘을 사용하고 있습니다.

 작품 속에 내재된 주제를 드러내줍니다.

 등장인물의 속내를 알 수 있도록 도와줍니다.

 배경, 분위기, 열정, 폭력, 풍자, 상징, 비극, 암시, 불가사의 등의 요소를 밝혀줍니다.

 단어와 문구의 미묘한 느낌을 감상할 수 있도록 해줍니다.

* 〈　〉는 장편소설, 중편소설, 논픽션, 시집. "　"는 수필집, 단편소설

o 일이관지(一以貫之) **논술 노트**

권말에는 一以貫之 논술팀에서 작성한 논술 노트가 실려 있습니다. 원작을 우리의 삶과 연계시켜 비판적 사고와 논리적 글쓰기의 방향을 제시합니다.

o 실전 연습문제

실전 연습문제를 통해서는 원작을 바탕으로 출제 가능성이 높은 논점을 함께 숙고해 봅니다.

작가 노트

작가의 생애

표도르 미하일로비치 도스토예프스키 Fyodor Mikhailovich Dostoevsky는 1821년 중하류 가정의 7남매 중 둘째로 태어나 1881년까지 살았다. 공립병원에서 군의관으로 근무한 아버지는 엄격하고 공정한 사람이었던 반면, 어머니는 소극적이고 친절하고 너그러운 성격이었다. 도스토예프스키가 여러 가지 반대되는 극단적인 성격을 가진 인물들을 종종 소설 속에 등장시킨 것은 어쩌면 이러한 사실로 설명될 수 있을 것이다.

도스토예프스키는 소년시절에 공병학교에서 교육을 받았다. 공병학교 시절, 그는 지루한 학과공부와 무미건조한 학교생활에 싫증을 느낀 것으로 보인다. 그리하여 취미 삼아 문학적인 문제를 탐구하고 신예작가들의 작품을 읽는 데 대부분의 시간을 보냈다. 문학에 대한 취미는 편집증에 가까웠다. 어린 시절 기숙사 생활을 할 때 아버지가 영지의 농노들에게 살해되었기 때문에 죽음에 대한 관심 역시 편집증적이었다. 아버지의 갑작스럽고 잔혹한 피살은 어린 도스토예프스키의 마음속에 잊을 수 없는 기억이 되었고, 그가 집필을 시작했을 때 범죄, 특히 살인이라는 주제가 그의 작품마다 등장했다. 도스토예프스키는 생을 마칠 때조차 살인공포에서 벗어나지 못했으며, 살인―한 아버지의 죽음―묘사를 걸작 〈카라마조프 가의 형제들 *The Brothers Karamazov*〉의 기초로 삼았다.

　군대에서 2년 동안 복무한 뒤, 도스토예프스키는 〈가난한 사람들 *Poor Folk*〉을 쓰면서 문학활동을 시작했다. 이 소설은 발간 즉시 대중적인 성공을 거두면서 비평가들로부터 높은 평가를 받았다. 인간 감정의 복잡성과 정신의 난해한 작용을 그처럼 철저하게 파헤친 러시아 작가는 일찍이 없었다.

　도스토예프스키는 〈가난한 사람들〉에 이어 여러 해 만에 중요한 소설을 한 편 내놓았다. 성격분열을 다룬 단편소설로, 훗날 집필한 〈죄와 벌 *Crime and Punishment*〉의 모태가 된 "이중성격 *The Double*"이었다.

　도스토예프스키의 드라마 같은 인생에서 가장 중요한 시기는 아마도 〈가난한 사람들〉을 출판한 직후의 몇 해일 것이다. 이 기간에는 러시아 역사 전반에서 가장 활발한 변화가 일어난 시기가 포함되어 있으며, 도스토예프스키는 이 변화의 시대에서 유난히 적극적인 역할을 담당했다. 그는 문학적인 성공으로 얻은 영향력을 행사해 지극히 의문스러운 성격의 정치음모에 가담했다. 예를 들면, 서유럽에서 러시아로 유입된 새로운 과격사상에 깊은 영향을 받았으며, 오래지 않아 서구식 개혁방식으로 러시아에 혁명을 일으키고 싶어하는 세력들과 손을 잡았다. 그는 다양한 정치적 문제에 관한 논문을 여러 편 썼는데, 자신의 논문 출판이 불법이며, 모든 출판물은 정부의 통제와 검열을 받는다는 사실을 잘 알고 있었다.

이내 이 반역적인 작가와 그의 동지들은 반역 혁명분자로 간주되었고, 교도소에 투옥되었다. 투옥되고 9개월이 지나 도스토예프스키를 포함한 일당의 다수가 재판에서 유죄판결을 받아 총살형을 선고받았다.

사형집행 준비가 완료되자 죄수들을 결박하고 눈을 가렸다. 그런데 집행 직전 차르*의 특사가 도착했다. 사형집행이 연기되었던 것이다. 사실 차르는 도스토예프스키 일당을 총살시킬 생각이 조금도 없었다. 단순히 그들에게 본때를 보여주기 위해 이처럼 가학적인 방법을 사용했던 것이다. 이처럼 죽음에 직면하여 영혼이 떨리고 가슴이 찢어질 것만 같았던 경험은 도스토예프스키에게 영원히 잊을 수 없는 인상을 남겼다. 이 경험은 일생 동안 계속 되살아났다.

사형에서 감형된 후 도스토예프스키는 시베리아로 유배되었으며, 이 몇 년의 유형생활 동안 인생관이 완전히 바뀌었다. 감정이 메마른 범죄자들과 함께 악취가 진동하는 참혹한 생활환경 속에서 살았던 이 기간 동안 그는 자신의 가치관을 재평가했다. 그는 내면적으로 완전히 변했다. 난생 처음 간질발작을 경험했고, 이때부터 러시아가 흡수하고 있던 새로운 사상들을 맹목적으로 받아들이기를 거부하기 시작했다. 그는 매우 근본적인 정신적 재생을 경험했기 때문에 러시아 국민의

---

* **차르**(Tsar, Czar): 제정 러시아 때 황제의 호칭.

성스러운 사명에 대해 선지자적 믿음을 갖게 되었다. 세계의 구원이 러시아 민중의 손에 달려 있으며, 결국 러시아가 강대국이 되어 세계를 지배할 것이라고 믿었다. 도스토예프스키가 고통의 필요성에 관한 유명한 이론들을 구체화한 것 역시 교도소 생활을 할 때였다. 고통은 인간의 영혼을 정화시키는 수단이 되었다. 고통은 죄를 보상했다. 고통은 인간의 유일한 구원수단이 되었다.

시베리아를 떠난 도스토예프스키는 문학활동을 다시 시작했고, 이내 러시아의 가장 탁월한 대변자 가운데 한 사람이 되었다. 그 후 1866년, 첫 번째 걸작 〈죄와 벌〉을 출판했다.

성인이 된 이후의 생애는 가정불화, 간질발작, 그리고 무엇보다도 채무자들에게 시달리는 생활의 연속이었다. 그는 늘어가는 거액의 빚을 갚기 위해 빠른 속도로 소설을 구상하고 집필하는 일이 잦아졌다. 그러나 말년에는 근심에서 어느 정도 벗어나 〈카라마조프 가의 형제들〉의 집필에 전념할 수 있게 되었고, 출간 1년 후 사망할 당시에는 러시아의 가장 위대한 작가 가운데 한 사람으로 널리 인정받았다.

작품 노트

작품의 개요

　　19세기의 서구 세계는 러시아의 푸슈킨, 독일의 괴테, 미국의 호손과 포, 영국의 워즈워스 등의 작품들 속에 구축된 낭만주의에서 벗어나 현대의 문학적 사실주의 접근법으로 향해 가고 있었다. 세계는 여전히 대중적인 낭만 소설과 연애시를 읽고 있었으나 러시아는 새로운 사실주의적 접근법으로의 이동을 주도했다. 도스토예프스키는 프랑스의 귀스타브 플로베르와 미국의 마크 트웨인 등과 더불어 이 운동의 선구자들 가운데 한 사람이었다.

　　이 운동은 일부는 극히 철학적인 방식으로, 일부는 단순한 방법으로 고찰될 수 있다. 예를 들어 낭만주의 작품에서는 작가가 신비하고 진기하며 기괴한 주제에 관심을 기울였다. "어셔가의 몰락 The Fall of the House of Usher" 같은 애드거 앨런 포의 단편소설들은 뉴잉글랜드와 스코틀랜드 등 여러 지역을 배경으로 삼고 있지만, 내용은 동일한 경향이 있다. 낭만주의 문학에서는 분명한 지형지물을 묘사하지 않고 외적인 문제들에 관해 전혀 언급하지 않는다. 그에 비해 도스토예프스키는 소설들의 배경을 실제 장소와 일치시키기 위해 매우 세심한 주의를 기울였다. 〈죄와 벌〉에서는 여러 거리와 주인공 라스콜리니코프가 한 여자의 자살 기도를 목격하는 다리의 이름 등을 매우 정확하게 사용한다. 문학도와 편집자들은 라스콜리니코프의 작은 방과 전당포 주인 노파의 아파트까지 거리를 측정하여 라스콜리니코프가 거리를 정확하게 묘사한 사실을 발견했다. 주인공은 살인을 목적으로 늙은 전당포 주인의 아파트에 도달하기까지 730보를 걸었다.

도스토예프스키는 물리적 환경에 대한 정확한 기록에만 충실했던 것이 아니라 현대인들의 관심을 끄는 주제들에 관해서도 썼다. 그가 글을 쓰고 책을 출판하던 시기에 미국 대중은 롱펠로의 낭만적인 모험담과 애드거 앨런 포의 괴기소설을 읽었다. 도스토예프스키가 확립한 현대적 사실주의의 계율 가운데 하나는 실제 생활을 묘사하는 것이었다. 이는 그가 초기 작품에서부터 마지막 걸작 〈카라마조프 가의 형제들〉에 이르기까지 실천한 방식이다.

그는 엄청난 독서가였고 동시대의 첨단 이념들과 최신 철학개념에 정통했다. 그의 작품에 등장하는 인물들은 내면의 갖가지 감정에 따라 행동하는데, 이러한 심리현상은 그의 말년 무렵에야 학계에서 연구가 시작되었다. 인간으로 하여금 특정한 행동을 하도록 만드는 정신적 요인들에 관한 연구를 도스토예프스키가 다수의 작품에 기록한 후에야 정신분석학의 대가 프로이트가 심리상태에 관한 연구 결과를 출간했다. 작품에 등장하는 경찰관 포르피리의 범죄 배경, 동기 및 범인의 심리상태에 관한 연구는 20세기의 어느 시점까지는 수사 기법으로 인정되지 않았다. 심리학자로서 도스토예프스키는 프로이트보다 훨씬 앞서 있었다. 그의 내면 묘사는 심리학적으로 현실적이고 사실적이며, 일부는 사실에 기초를 둔다. 예를 들면 도스토예프스키는 검열 받아야 할 글의 집필과 인쇄에 관여하고, 그로 인해 사형판결을 받은 경험을 바탕으로 인간의 절대적 절망에 관해 종종 썼다.

　　도스토예프스키는 〈죄와 벌〉의 출판 직전에 걸작 단편소설 "지하생활자의 수기 Notes from Underground"를 세상에 내놓았다. 이 단편소설은 도스토예프스키 소설 대다수를 이해하는 열쇠가 된다. 이름을 밝히지 않은 지하생활자는 다음과 같은 말로 이야기를 시작한다. "나는 아픈 사람이다… 나는 원한을 품은 사람이다… 나는 매력이 없는 사람이다." 이 불결하고 원한을 품은 '기생충'은 그래도 인간이다. 그는 도스토예프스키가 인간을 기생충으로 묘사한 최초의 사례이고, 라스콜리니코프가 〈죄와 벌〉에서 살해하는 인간 기생충과 같다.

　　"지하생활자의 수기"에서 표현된 개념들은 그 후 모든 도스토예프스키 소설의 중심이 된다. 도스토예프스키는 작품의 일부에서 인간의 자유에 대한 의식, 즉 선택의 자유, 장애물을 극복할 권리를 가질 자유에 관해 쓰고 있다. 자유를 누리고 선택의 자유를 위해 안전을 거부할 수 있는 인간의 권리는 〈카라마조프 가의 형제들〉에 가장 잘 표현되어 있다. 대심문관이 예수 앞에 나타나, 인간이 예수가 제공한 선택의 자유 대신 안전을 선택한다고 말하는 장면에서 우리는 자유 대 안전에 관한 도스토예프스키의 개념이 가장 위대한 절정에 도달한 것을 보게 된다.

지하생활자는 어느 대목에서 2 더하기 2는 4이고 과학적 사실이지만 인간이 항상 단순한 과학적 사실에 의해 움직이는 것은 아니라고 말한다. 도스토예프스키에게 인간의 이성적 부분은 인간 구조의 일부일 뿐이다. 즉 인간은 이성적인 면(2 더하기 2는 4)과 비이성적인 면으로 구성된다(2 더하기 2는 5가 된다고 가끔 생각하는 것은 기분 좋은 일이다). 도스토예프스키의 말을 빌리면 이는 '극히 매력적인 개념'이다. 인간이 오로지 합리적인 존재로서 움직인다면 인간의 모든 행동은 항상 예측 가능하다. 그러므로 도스토예프스키가 주장하는 요점은 인간의 갖가지 행동은 예측 불가능하다는 것이다. 라스콜리니코프가 어린 처녀를 겁탈하려는 사내를 제지하는 것은 합리적인 행동이다. 그러나 잠시 후, 간섭은 자신의 일이 아니라고 갑자기 생각이 바뀐다거나 또는 여동생의 결혼을 반대하다가 곧이어 "네가 원하는 사람과 결혼해라" 하고 모순된 태도를 취한다. 마찬가지로 고통을 당할 때 행복감을 느끼는 사람들이 있다. 따라서 전당포 노파를 살해했다고 거짓 자백하는 남자는 고통을 원하며 특히 관리의 손에 고통받기를 원한다.

도스토예프스키의 모든 소설 속에 일관되게 등장하는 위대한 개념들 가운데 하나는, 인간이 고통을 통해 자신의 모든 죄를 속죄하고 인간성의 기본 요소들과 더욱 가깝게 동화

한다는 것이다. 이를테면, 소냐와 라스콜리니코프의 여동생 두냐는 라스콜리니코프가 고통을 선택할 때 그의 죄가 씻길 것이라고 생각한다. 또한 고결한 양심을 가진 사람은 자신의 범죄로 인해 고통받게 되는데, 라스콜리니코프는 범행 순간부터 매우 심한 고통에 시달리면서 병에 걸려 며칠 동안 반혼수 상태에 빠진다.

라스콜리니코프와 포르피리는 심리학의 일부 개념과 심지어 후세의 몇 가지 용어까지 사용한다. 도스토예프스키가 현대 심리학 용어를 사용한 사례는 많다. 포르피리의 수사기법에는 용의자를 함정에 빠뜨리기 위한 심리학을 응용한 수법이 있고, 이를 알아차린 라스콜리니코프는 그러한 수사를 고양이와 쥐 놀이라고 부른다.

세계 문학사에서 도스토예프스키는 가장 걸출한 사실주의 심리소설 작가이며 아직 그를 능가하는 대작가는 나타나지 않고 있다.

줄거리

가난한 대학생 라스콜리니코프는 자신이 비범한 청년이라고 생각하고 다음과 같은 이론을 만들어냈다. 즉, 세계적인 비범한 사람들이 인류에게 뭔가 가치 있는 일을 하려면 살인도 마다하지 않을 권리가 있다는 것이다. 그 이론을 입증하기 위해 그는 늙고 비열한 전당포 여주인과 그녀의 이복여동생을 살해한다. 범행 직후 병이 나 거의 혼수상태로 자기 방에서 누워 지내던 그는 건강을 회복하면서 친구 라주미킨이 자기를 찾아다녔다는 사실을 알게 된다. 누이동생 두냐와 그녀의 약혼자 루진이 그를 방문한다. 라스콜리니코프는 두냐를 대하는 루진의 거만한 태도가 몹시 언짢아 모욕을 주고 쫓아낸다.

　　몸을 추스린 라스콜리니코프는 외출하여 지난 며칠 동안 나온 모든 신문의 범죄기사를 읽는다. 그는 경찰관 한 사람을 만나게 되는데 하마터면 범행을 자백할 지경에까지 이르고, 지나치게 떠들어 의심을 사기도 한다. 얼마 후 그는 정부의 하급관리 마르멜라도프가 술에 취해 길을 건너다 마차에 치는 광경을 목격한다. 라스콜리니코프는 관리를 도와주고, 그가 죽자 가진 돈을 가난한 미망인에게 모두 준다. 자기 방으로 돌아오니 어머니와 누이동생이 있다. 여동생의 결혼식 준비를 위해 온 것이다. 그는 루진을 비난하면서 여동생이 그런 비열하고 추잡한 사내와 결혼하는 것을 허락하지 않으려 한다. 때마침 두냐의 과거 고용인이었던 스비드리가일로프가 라스콜리니코프를 찾아와 두냐를 만나게 해달라고 부탁한다. 과거에 스비드리가일로프는 두냐를 유혹하려고 한 적이 있으며, 그 얘기를 들은 라스콜리니코프는 그에게 심한 반감을 갖고 있다.

　　라스콜리니코프는 포르피리 경사가 전당포 주인 노파

와 거래한 모든 사람을 심문하고 있다는 소식을 듣는다. 그 역시 경찰의 의심을 받고 있다고 생각하며 심문을 받으러 간다. 죽은 하급관리의 딸 소냐 마르멜라도프를 찾아간 그는 성경의 나사로* 이야기를 읽어달라고 그녀에게 부탁한다. 아버지가 술에 절어 사는 동안 가족을 부양하기 위해 어쩔 수 없이 매춘을 하고 있는 소냐에게 라스콜리니코프는 깊은 동정심을 느낀다. 그는 전당포 노파와 소냐의 친구였던 그 노파의 여동생의 살인범을 알려주겠노라고 약속한다.

포르피리와 또 한 차례 면담을 마친 라스콜리니코프는 소냐에게 범행을 고백하기로 결심한다. 그가 그녀에게 고백할 때 스비드리가일로프가 옆방의 문 뒤에서 엿듣고 있다. 그는 이 정보를 이용해 두냐에게 동침을 강요하려 든다. 두냐는 거절하고, 그날 밤 늦게 스비드리가일로프는 자살한다.

포르피리는 전당포 주인의 살인범을 알고 있다고 라스콜리니코프에게 말한다. 라스콜리니코프는 소냐와 대화를 나눈 후 범행을 자백하고 8년의 시베리아 징역형을 받는다. 라스콜리니코프는 동행한 소냐의 도움을 받아 갱생을 시작한다.

---

* **나사로**(Lazarus): 신약 성서에 나오는 인물로, 죽은 지 4일 만에 예수가 살려냈다.

등장인물

* 주(註): 러시아인들의 이름

남자 등장인물의 가운데 이름은 -ovitch로 끝나고, 여자 등장인물들은 -ovna로 끝난다. 이 어미는 단순히 '~의 아들' 혹은 '~의 딸'을 의미하며, 아버지의 이름이 변형되어 자녀들의 중간이름이 된다. 이 현상을 '부친 이름 따르기'라고 부를 수 있다. 예를 들어 로자와 두냐의 아버지 이름은 로만 라스콜리니코프였다. 그러므로 로자의 중간이름 로디온 로마노비치는 로만의 아들을 의미하고, 두냐의 중간이름인 아브도차 로마노브나는 로만의 딸을 의미한다.

로디온 로마노비치 라스콜리니코프(로자, 로덴카 혹은 로드카) *Rodion Romanovitch Raskolinikov (Rodya, Rodenka, Rodka)* 가난에 쪼들리는 대학생. 인류 전체에 신세계 혹은 새로운 이념을 제공하기 위해 보통 사람의 법을 어길 권리 혹은 의무를 가진 비범한 사람 즉 '초인' 이론을 개발해낸다. 그는 이 이론을 살인의 정당화에 이용한다.

소냐 마르멜라도프(소피아 세묘노브나 마르멜라도프) *Sonya Marmeladov (Sofya Semyonovna Marmeladov)* 조용하고 겸손하며 고통에 시달리는 창녀. 라스콜리니코프를 구원하는 중심인물.

포르피리 페트로비치 *Porfiry Petrovitch* 수사과 경찰관이며 이번 '사건'을 맡고 있다.

스비드리가일로프(아르카디 이바노비치) *Svidrigailov (Arkady Ivanovitch)* 개인적인 목적을 위해 자신의 의지를 강조하는 호색한이자 속물.

두냐(아브도차 로마노브나 라스콜리니코프) *Dunya (Avdotya Romanovna Raskolinikov)* 라스콜리니코프의 여동생. 과거 스비드리가일로프의 집에서 가정교사를 했다. 스비드리가일로프가 흑심을 품고 있다.

라주미킨(드미트리 프로코피치) *Razumihkin (Dmitri Prokofitch)* 라스콜리니코프의 대학 친구. 두냐를 사랑하게 된다.

세묜 자카로비치 마르멜라도프 *Semyon Zakharovitch Marmeladov* 면직당한 정부의 서기이며 알코올중독자.

카테리나 이바노브나 마르멜라도프 *Katerina Ivanovna Marmeladov* 마르멜라도프의 아내. 결핵환자이며, 과거에 육군 장교와 결혼해 세 명의 자녀를 두었다.

풀체리아 알렉산드로브나 라스콜리니코프 *Pulcheria Alexandrovna Raskolinikov* 라스콜리니코프의 어머니. 우울하고 지적인 아들을 두려워한다.

알료나 이바노브나 *Alyona Ivanovna* 라스콜리니코프에게 살해당하는 가학적이고 추잡한 전당포 주인이자 고리대금업자.

리자베타 이바노브나 *Lizabeta Ivanovna* 알료나의 이복여동생. 온순하고 호감을 주는 여자. 언니에게 학대당한다.

폴렌카, 료나, 콜랴(콜카) *Polenka, Lyona, Kolya (Kolka)* 카테리나 이바노브나가 전 남편과의 사이에서 낳은 자녀들. 소냐는 폴렌카가 매춘에 발을 들여놓을까봐 큰 걱정이다. 라스콜리니코프가 그 가능성을 언급해 소냐를 괴롭힌다.

마르파 페트로브나 *Marfa Petrovna* 스비드리가일로프의 아내. 두냐가 남편을 유혹하려고 계획을 꾸몄다고 오해한다.

루진(표트르 페트로비치) *Luzhin (Pyotr Petrovitch)* 정부의 하급 서기. 비열하고 탐욕스러우며 가난한 여자를 신부로 맞고자 한다. 그리하여 여자가 자기에게 심적 채무를 느끼도록 만들고 싶어한다.

레베자트니코프(안드레이 세묘노비치) *Lebezyatnikov (Andrey Smyonovitch)* 자칭 '진보적인 자유주의자'로, 루진의 룸메이트.

프라스코뱌 파블로브나 *Praskovya Pavlovna* 라스콜리니코프의 집주인으로 소심하고 뚱뚱한 여자.

나스타샤 *Nastasya* 라스콜리니코프와 친해져 그가 아플 때 돌봐주는 프라스코뱌 파블로브나의 하녀.

아말리아 표도로브나 *Amalia Fyodorovna* 마르멜라도프의 집주인. 카테리나 이바노브나 마르멜라도프가 유난히 싫어한다.

카페르나우모프 집안 사람들 *Kapernaumovs* 소냐와 스비드리가일로프의 집주인 가족.

조시모프 *Zossimov* 라스콜리니코프가 아플 때 치료해 주는 의사.

니코딤 포미치 *Nikodim Fomitch* 외모가 단정한 경찰관. 마르멜라도프가 마차에 치는 현장에 있었으며, 이 사건을 포르피리에게 보고한다.

자메토프(자묘토프), **알렉산데르 기고레비치** *Zametov (Zamyotov), Alexander Gigorevitch* 경찰서의 수석 서기.

일랴 페트로비치 *Ilya Petrovitch* 목소리가 크고 약간 거만한 경찰관. 라스콜리니코프는 달리 자백할 경찰관을 찾지 못해 이 사람에게 자백한다.

니콜라이(미콜카), **드미트리**(미트카) *Nikolay (Mikolka), Dmitri (Mitka)* 범행 시간에 전당포 주인이 사는 아파트의 아래층에서 작업을 하고 있던 페인트공들.

등장인물 관계도

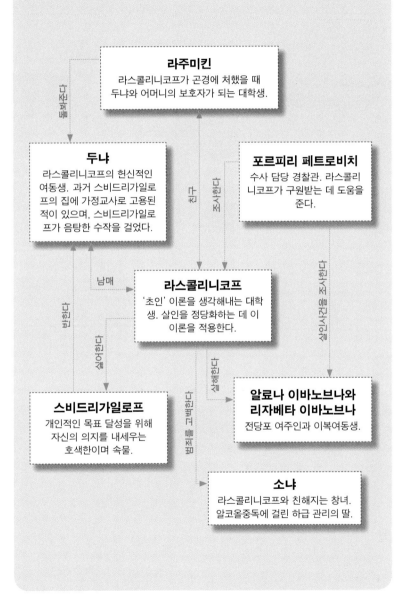

라주미킨
라스콜리니코프가 곤경에 처했을 때
두냐와 어머니의 보호자가 되는 대학생.

돌봐준다

두냐
라스콜리니코프의 헌신적인
여동생. 과거 스비드리가일로
프의 집에 가정교사로 고용된
적이 있으며, 스비드리가일로
프가 음탕한 수작을 걸었다.

포르피리 페트로비치
수사 담당 경찰관. 라스콜리
니코프가 구원받는 데 도움을
준다.

친구

조사한다

남매

라스콜리니코프
'초인' 이론을 생각해내는 대학
생. 살인을 정당화하는 데 이
이론을 적용한다.

살인사건을 조사한다

노린다

싫어한다

스비드리가일로프
개인적인 목표 달성을 위해
자신의 의지를 내세우는
호색한이며 속물.

살해한다

**알료나 이바노브나와
리자베타 이바노브나**
전당포 여주인과 이복여동생.

범죄를 고백한다

소냐
라스콜리니코프와 친해지는 창녀.
알코올중독에 걸린 하급 관리의 딸.

Chapter별 정리노트

제 1 부

Chapter 1

:줄거리 살인을 준비하다

무더운 7월의 어느 날, 대학생 로디온 로마노비치 라스콜리니코프는 빚쟁이 집주인이 보지 않는 틈을 타서 하숙집을 빠져나와 늙고 비열한 전당포 주인 알료나 이바노브나의 집을 향해 어슬렁어슬렁 걸어간다. 라스콜리니코프는 모든 사람들과의 접촉을 끊었고, 한 걸음 더 나아가 모든 유형의 인간적 행동을 삼가고 있다. 좁은 방과 빚, 참담한 가난으로 인해 심한 우울증에 시달리는 그는 강의에 출석하지도 못하고 학생들을 가르칠 수도 없다.

전당포 주인을 찾아가는 동안 그는 자신이 어떤 지긋지긋한 행동을 할 것이란 사실을 믿을 수 없다. 또한 자신이 혼란스러운 생각에 시달리고 있음을 알고 있다. 이틀 동안 사실상 아무것도 먹지 않은 데에도 일부 원인이 있다. 그는 눈에 띄게 용모가 단정한 청년이지만 누더기에 가까운 낡은 의복이 너무나 초라해 그의 은밀한 행동을 눈여겨보는 사람은 없다.

멀지 않은 전당포 주인 노파의 집까지 거리는 '정확히 730보'다. 목적지에 도착한 그는 자신의 계획이 혐오스럽고 비열하다는 것을 깨닫는다. 전당포 노파가 조심스럽게 문을 여는데, 몹시 마르고 늙은 모습이다. 눈빛은 날카롭고 악의에 차 있으며 머리는 기름에 절어 아주 불결하다. 라스콜리니코프는 잡힐 물건을 갖고 있다고 말하고, 두 사람은 가격을 놓고 옥신각신한다. 그러나 라스콜리니코프는 달리 갈 곳이 없기 때문에 주인이 제시한 가격을 받아들이지 않을 수 없다. 그는 더 값나가는 물건이 있는데, 나중에 갖고 오겠다고 하면서 매우 흥분한 상태로 그곳을 나선다.

〈죄와 벌〉처럼 위대한 모든 소설에서 초반 혹은 도입부에 제시되는 세부사항은 작품 전반의 해석에 중심이 된다. 첫 번째 장에서는 라스콜리니코프가 사람들로부터 고립되어 있다는 것을 알게 된다. 나중에는 어머니와 누이동생이 함께 있는 것도 불편하게 느낀다. 라스콜리니코프가 시베리아의 교도소에 수감되는 에필로그에서는 동료 죄수들로부터 고립되고 소외된 기분을 느낀다. "그는 자신과 다른 사람들 사이에 다리를 놓을 수 없는 끔찍한 간격이 존재하는 것을 느낀다… 마치 그와 그들이 다른 종족인 듯…"1장과 에필로그에서 라스콜리니코프는 모든 사람을 기피한다. 그는 소설이 진행되는 내내 누군가와 대화를 시작하지만 곧 이유 없이 갑자기 돌아서서 떠남으로써 자신 속에 더욱 고립된다.

1장은 또한 그가 처한 극도의 가난과 비좁은 아파트 방을 강조한다. 이야기가 전개되는 동안 그의 범죄행위와 병적인 공포감을 설명하는 방편으로 이러한 물질적인 부분들이 종종 이용된다. 다시 말해 그의 방에서 나는 악취와 굶주림이 원인이라는 것이다.

물리적인 환경과는 대조적으로 그의 외모는 남다르다. 남루한 옷을 걸쳤지만 뛰어나게 용모가 준수하고 체격이 좋다. "눈은 아름다운 검은 색이고 머리카락은 짙은 갈색에다 균형

잡힌 몸매다." 오늘날에도 삽화가들은 종종 라스콜리니코프를 흉악한 모습이거나 불구자로 그린다. 악한들을 소름끼치는 모습으로 묘사하는 디킨즈* 등 다른 작가들과 달리 도스토예프스키는 정반대로 묘사한다. 그는 라스콜리니코프를 매력적인 사람으로 묘사한다. 이는 범죄의 추악함이 신체적인 불구에 영향 받을 수도 있는 견해를 막는 데 목적이 있다. 주인공의 신체적 아름다움은 범죄의 추악함과 현저한 대조를 이룬다.

결국 라스콜리니코프는 양극단을 오가는 이중인격자로 드러난다. 그는 자기 방에서 전당포 주인의 아파트까지 걸음 수를 계산할 정도로 치밀하게 범행 준비를 한다. 그러나 그 과정에서 그는 범죄가 혐오스럽고 추악하며, 모든 계획이 사악하고 비열하다는 생각에 마음이 흔들린다. 이런 갖가지 상념에도 불구하고 그는 살인 준비를 계속한다.

뿐만 아니라 그의 계획은 아직 마무리되지 않았다. 자신의 범죄를 오직 이론적으로만 이해하고 있는 것이다. 이는 소설의 끝부분에서 그가 소냐에게 이유를 설명할 때 그를 구원하는 핵심적인 사실이 된다. 결과적으로 독자는 라스콜리니코프의 마음을 사로잡고 있는 정반대의 반응에 대비해야 한다. 일관성 결여로 보일 수 있는 이런 현상은 이중성격 혹은 정신

---

* **디킨스**(Charles Dickens, 1812-70): 영국의 소설가. 대표작 〈올리버 트위스트〉, 〈크리스마스 캐럴〉 등.

분열을 설명하기 위해 이용된다. 그가 전당포 주인 알료나 이바노브나의 아파트를 찾아가는 장면은 자신의 계획에 대한 혐오와 계획 실행 준비 양쪽 모두를 보여준다.

Chapter 2

:줄거리 소냐의 아버지를 만나다

　1장의 끝에서 라스콜리니코프는 넋 나간 듯한 사람이 술집에서 술을 마시는 모습을 눈여겨본다. 전당포 노파에게 다녀온 그는 술을 마시고 싶다. 혼자 술을 마시던 그 남자가 라스콜리니코프와 이야기를 나누기 시작한다. 그는 자기 이름이 세묜 마르멜라도프이며 관청의 서기라고 신분을 밝힌다. 그는 닷새 동안 옷을 벗지 않았고 세수도 하지 않았다. 기름기가 번들거리는 붉은 손은 지저분하고, 손톱에는 때가 끼었으며, 옷은 몹시 남루하다.

　마르멜라도프는 최근 자신에게 일어난 일을 모두 털어놓으며, 공무원 생활과 알코올중독 때문에 일자리를 잃은 사정을 말한다. 그는 정부의 한 사무소에 서기로 다시 고용되었으나 지금까지 닷새 동안 계속 술을 마셨고, 집에 돌아가기도 두렵다. 그는 카테리나 이바노브나란 여자와 결혼한 이야기를 한다. 이바노브나는 더 높은 계급 출신의 미망인으로 어린 세 자녀를 키우다가 가난 때문에 그와 결혼했다. 그는 또한 가족을 먹여 살릴 길이 달리 없어서 창녀가 된 소냐란 친딸이 있다는 사실도 밝힌다. 그는 닷새 동안의 술값을 지불하기 위해 딸이 매춘으로 번 돈을 훔쳤다. 그가 라스콜리니코프에게 묻는다. "당신은 내가 돼지가 아니라고 단언할 수 있습니까?"

　그는 또 갈 데도 없고 극도의 절망감 속에서 속수무책으로 고통받는 경우를 아느냐고 묻는다. 그는 술을 사기 위해 소냐에게 남은 마지막 30코펙*을 집어 왔다. 귀가하면 카테리나가 그를 때릴 것이고, 그는 맞아 마땅하기 때문에 집에 가는 것이 두렵다.

라스콜리니코프는 마르멜라도프의 가족을 돕기로 결심한다. 그의 집을 찾아간 라스콜리니코프는 마르멜라도프 일가가 비참한 가난 속에 살고 있는 모습을 본다. 마르멜라도프와 카테리나가 심하게 싸우는 것을 본 그는 주머니를 뒤져 얼마 안 되는 돈 중 일부를 건넨다.

· 풀어보기

마르멜라도프가 소개되는 장면을 중심으로 라스콜리니코프의 각종 이론들이 전개되기 시작한다. 그는 방금 한 여자(알료나 이바노브나)에게 다녀왔다. 그 전당포 주인은 불결하고 머리가 기름에 절어 있으며 '기생충' 같은 생활을 한다. 그는 그녀를 극도로 증오하여 살해할 계획을 세운다. 그는 이어 마르멜라도프를 만난다. 그 역시 불결하고 머리에 기름기가 흐르며 손이 더럽다. 게다가 딸이 매춘으로 번 돈을 술값에 쓰는 혐오스런 인간이다. 그러나 라스콜리니코프는 그를 '기생충'으로 보기보다는 그 반대의 감정을 느낀다. 그는 겉보기에 쓸모없는 이 사람을 대할 때 동정심과 연민을 느낀다.

---

* **코펙**(kopek): 러시아 화폐의 가장 작은 단위. 1코펙은 1/100루블에 해당.

인물탐색 마르멜라도프와 만나는 장면에서는 라스콜리니코프의 이중성격을 확실하게 설정해 준다. 소설 전체에서 우리는 라스콜리니코프가 두 가지 방식으로 행동하는 것을 기억할 필요가 있다. 한편으로는 온정이 넘치고 동정심을 발휘하는 고매한 인간이 되어 학대받는 사람들을 기꺼이 돕는다. 반대로 냉정하고 초연하고 지적인 인간이 될 때는 자신의 '초인' 이론을 정당화하기 위해 다른 사람들과 거리를 두어야 한다. 2장의 시작에서 그는 얼마 전부터 사람들과의 교제를 모두 기피했다. 그러나 전당포 노파를 만난 뒤로는 인류를 포용하고 싶은 욕구를 느낀다. 그는 인도주의적인 충동으로 인해 얼마 안 되는 돈을 카테리나에게 건네지만 이내 마음을 바꾸고 '과거로 돌아가기를' 희망한다.

마르멜라도프와의 만남은 앞으로 여러 인간관계를 설정하는 데에도 중요하다. 첫째, 마르멜라도프의 발언을 통해 소냐와 그녀의 가족 전부가 소개된다. 이는 라스콜리니코프가 소냐를 희생자로 간주하도록 마음의 준비를 시키며, 마르멜라도프의 고통 속에서 소냐의 고통을 본다. 그는 소냐가 겪는 고통 때문에 마음이 끌린다. 소설의 끝에서 라스콜리니코프는 죄를 고백하기 직전 그녀가 '모든 인류의 고통'을 상징하기 때문에 그녀에게 마음이 간다는 사실을 인정한다.

주제
탐색 마르멜라도프의 이야기는 또한 라스콜리니코프 자신의
상황을 반영한다. '의지할 사람 하나 없고 갈 곳도 없는'
절망상태에 관한 이야기는 소설의 중요한 모티프 가운데 하나
다. 라스콜리니코프가 어쩔 수 없이 삶에서 느끼는 절망을 떠
올릴 때 이 문제가 다시 언급된다. 살인을 저지르고 난 후, 라
스콜리니코프는 마르멜라도프가 흥분해서 "갈 곳이 없습니다"
라고 외치던 말을 떠올린다.

마르멜라도프의 이야기가 강조하는 점은 다음과 같다.
그가 술에 빠져 있는 동안 식구들은 굶주리고 있다. 굶주리는
식구들을 위해 그의 딸은 매춘에 발을 들여놓아야 했다. 라스
콜리니코프의 살인은 특정한 사람들은 '기생충'에 불과하다는
이론에 일부 근거를 두게 된다. 따라서 이 이야기는 그 이론을
마르멜라도프에게도 곧바로 적용해야 한다는 것을 시사한다.
특히 마르멜라도프가 "당신은 내가 돼지가 아니라고 단언할
수 있습니까?"라고 외칠 때 그렇다. 그러나 라스콜리니코프는
마르멜라도프를 기생충이나 돼지처럼 경멸하기보다는 그의
고통에 깊은 동정심을 느낌으로써 자신의 이론과 모순된 생각
을 하게 되고, 그 이론의 정당성에 회의를 느낀다. "인간이 실
제로 악당이 아닐 경우… 나머지 모든 것은 편견이다."

Chapter 3

어머니의 편지에 감동받다

　　다음날 불결하고 비좁은 자신의 방에서 잠을 깬 라스콜리니코프는 단정치 못하고 타락한 생활에 역겨움을 느낀다. 사람들과의 접촉을 끊고 있지만 괴롭기는 마찬가지다. 그를 돌봐주려고 애쓰는 하녀 나스타샤는 파블로브나가 밀린 방세 때문에 그를 경찰에 고발하려 한다고 말해 준다. 또한 그의 어머니가 보낸 장문의 편지도 건넨다.

　　나스타샤가 나가자 그는 어머니의 편지에 입을 맞추고 떨리는 손으로 공손하게 편지를 뜯는다. 어머니 풀체리아 알렉산드로브나는 아들을 변함없이 사랑한다고 적고, 누이동생 두냐가 스비드리가일로프의 집에서 가정교사로 일하고 있다고 알려준다. 불행히도 악명 높은 호색한 스비드리가일로프가 두냐에게 반해 부당한 제의를 하고 부적절하게 접근한다. 그는 함께 도망치자는 말까지 한다. 그의 아내 마르파 페트로브나는 남편과 두냐의 대화를 일부 엿듣고는, 남편의 음탕한 성향을 잘 알면서도 모든 잘못을 두냐의 탓으로 돌린다. 뿐만 아니라 그 농촌 지역 전체에 거짓말을 퍼뜨린다. 스비드리가일로프는 아내의 잘못을 나무라며, 자신의 부적절한 행위를 질책하고 아내에게 충실하라고 권고하는 두냐의 편지까지 보여준다. 실수를 깨달은 페트로브나는 그 편지를 들고 다시 농촌을 돌아다니며 두냐가 결백하고 착하다고 말한다.

　　페트로브나에게는 루진(표트르 페트로비치)이란 친척이 있

다. 그녀의 집에 머물고 있는 그는, 지참금이 없기에 그의 관대한 성품에 만족하며 살아갈 정숙하고 가난한 아내를 찾고 있다. 그러한 루진이 두냐에게 청혼하고, 두냐는 청혼을 받아들인다.

어머니는 조만간에 두냐와 함께 상트페테르부르크*로 가서 루진을 만날 것이라고 알린다. 루진이 모녀에게 숙소를 구해 줄 것이며 그녀는 돈을 빌리는 대로 라스콜리니코프에게 더 많은 돈을 보내겠다고 약속한다.

---

* **상트페테르부르크**: 당시 러시아의 수도.

주제탐색 3장은 나중에 중요한 역할을 하게 되는 여러 가지 구체적인 세부사항을 제시한다. 예를 들어, 그의 작고 비좁은 방은 나중에 신경쇠약의 원인 가운데 하나로 이용되고, 그가 맑은 공기와 자유를 찾는 것과도 연관된다. 집주인이 밀린 방세와 빚 때문에 그를 경찰에 고발할 계획이라고 나스타샤가 알려주었지만 이 사실을 잊은 라스콜리니코프가 살인을 저지른 다음날 경찰서로부터 출두명령서를 받자 범죄가 발각되었다고 생각한 것은 아이러니다.

주제탐색 라스콜리니코프가 어머니의 편지로 인해 사랑과 동정의 감정을 느끼는 것은, 냉정하고 이성적인 초인의 감정과 부합되지 않는 점에 독자는 주목해야 한다.

이 편지는 나중에 그의 여러 가지 행동에 영향을 미치는 다수의 중요한 상황들을 전해 준다. 첫째, 스비드리가일로프의 속물스럽고 파렴치한 행동과 청혼에 관해 듣는다. 따라서 그는 스비드리가일로프를 만나기에 앞서 그에 대해 매우 부정적인 견해를 갖게 된다.

두 번째, 두냐와 루진의 약혼 이야기를 듣는다. 루진은 자신의 권위에 복종하고 순종하며 항상 그에게 빚을 지고 산다고 생각하는 아내를 원한다. 라스콜리니코프는 루진이 비열하고 이기적인 사람이란 사실을 알아차린다. 뒤이은 사건들은 라스콜리니코프가 루진을 제대로 평가했다는 것을 입증한다.

끝으로, 어머니는 집안의 심각한 재정상태와 상트페테르부르크에 가는 데 필요한 비용에 관해 설명하지만 25 내지 30루블을 어떻게든 만들어서 아들에게 보내주고자 한다고 쓴다. 나중에 그가 받아서 마르멜라도프 가족에게 건네는 이 돈은 소설의 나머지 부분에서 중심적인 문제가 된다.

Chapter 4

 줄거리 가족을 위해 자신을 희생하려는 두냐

　편지를 다 읽은 라스콜리니코프는 두냐가 루진과 결혼함으로써 스스로를 희생시켜서는 안 된다고 생각한다. 두냐는 오로지 오빠를 돕기 위해 결혼하는 것이다. 그는 "내가 살아 있는 한 이 결혼은 결코 성사될 수 없다"고 말하면서 동생의 결혼에 단호히 반대한다.

　뿐만 아니라 루진이 약혼녀인 두냐와 그녀의 어머니를 농부의 마차에 태워 '17베르스트(약 12마일)'를 가게 하고 기차의 3등석에 태우는 비열하고 인색한 인간이란 사실을 알게 된다. 루진의 모든 제안을 고려한 라스콜리니코프는 이렇게 선언한다. "나는 너(두냐)의 희생을 받아들이지 않겠다… 내가 살아 있는 한 그런 일은 있을 수 없다! 나는 인정할 수 없어!" 하지만 라스콜리니코프는 그 굴욕적인 혼인을 막기 위해 찾아갈 곳이 없다.

　두냐의 처지를 생각하고 있던 라스콜리니코프는 열다섯 살짜리 소녀가 술에 취했거나 마약을 먹은 듯 비틀거리며 거리를 걸어오는 모습을 유심히 바라본다. '멋을 부린' 살찐 남자가 이 소녀의 뒤를 따르고 있다. 그 소녀에 대한 남자의 의도는 명백하다. 라스콜리니코프는 두 사람 사이에 끼어들어 멋쟁이 남자에게 시비를 건다. 경찰이 당도하여 처녀를 마차에 태운다. 라스콜리니코프는 마지막 남은 20코펙을 마차 삯으로 내놓는다. 그러나 '그 순간 급격한 감정변화가 일어난다.' 자신이 관계 없는 일에 간섭하고 있다고 판단한 것이다. "내가 무슨 상관인가? 그(멋쟁이 남자)가

(그 처녀와) 재미를 보게 내버려두자." 그는 20코펙을 날린 것을 언짢아하며 자리를 뜬다. "내가 어떻게 그 20코펙을 줘버릴 수 있었단 말인가? 준 돈이 내 건가?"

4장의 끝에서 그는 예전에 매우 친하게 지낸 친구 가운데 한 사람인 라주미킨을 찾아가기로 결심한다. 그는 라주미킨을 거의 4개월 동안 만나지 않았다.

∷ 풀어보기

라스콜리니코프는 오빠가 잘 되기를 원해 누이동생 두냐가 자신을 내던진다고 생각하며, 다른 사람이 그를 위해 희생한다는 것은 참을 수 없기 때문에 루진과의 결혼에 심하게 반발한다.

그는 누이동생의 희생과 소냐의 희생을 비교한다. 그러면서 두냐가 루진과 결혼하는 것 역시 일종의 매춘이 아닌가 생각한다. 소냐의 매춘은 살기 위해서지만 두냐의 결혼은 편의를 위해서일 수 있기 때문에 더욱 나쁠지도 모른다고 그는 생각한다.

주제탐색 속수무책인 라스콜리니코프는 비슷한 두 여자의 희생을 놓고 고민한다. 이런 고민을 통해 "당신은 의지할 데가 전혀 없다는 것이 무엇을 의미하는지 압니까?"란 주제가 다시 되살아난다. 그는 두냐가 자신을 희생하지만 그런 상황을 해소하거나 막기 위해 아무 행동도 할 수 없다고 뼈저리게 느낀다.

문체탐색 음흉한 목적을 가진 남자에게 미행당하는 소녀와 맞닥뜨리자 라스콜리니코프는 심한 불안감을 느끼고 인간적인 감성이 발동한다. 라스콜리니코프는 소녀를 보호하기 위해 그 남자를 '스비드리가일로프'라고 부르는데, 그렇게 함으로써 그 이름을 타락한 육욕의 화신으로 만든다.

인물탐색 라스콜리니코프의 인간적이고 동정적인 성격은 그 소녀를 보호하려는 시도 속에서 더욱 두드러진다. 그는 마차를 부르기 위해 얼마 안 남은 돈을 거의 다 준다. 여기서 다음과 같은 의문이 제기된다. 어머니로부터 편지를 방금 받지 않았다면 그 소녀를 보호하려 했겠는가? 소녀를 도와주었다가 갑자기 생각을 바꿔 "될 대로 되라지"라고 말한다. 즉, 갑자기 냉정하고 지적이고 초인적인 측면이 우위를 차지하면서 라스콜리니코프는 그런 사소한 일은 초월했기 때문에 관여할 필요가 없다고 주장한다. 연장선상에서 보면, 그가 진정한 초인이라면 두냐나 소냐에게 일어난 일에도 관심을 기울일 필요가 없다.

결국, 논리적이고 합리적인 친구 라주미킨을 만나고 싶다는 라스콜리니코프의 예기치 않은 욕구는 '의지할 데가 없다'는 끔찍한 느낌 때문에 생긴다.

Chapter 5

 무서운 범행 예감

라주미킨의 숙소에 도착하기 전 라스콜리니코프는 마음을 바꿔 '일을 해치운 다음날' 찾아가겠다고 다짐한다. 이어 절망감에 빠져서는 그 사건이 실제로 일어날 것인지 생각해 본다. 이런 생각에 너무나 두려워진 그는 술집을 찾아가 보드카 한 잔을 마신 다음, 비틀거리며 공원으로 걸어들어가 곧장 잠이 든다.

꿈속에서 일곱 살의 소년 시절로 돌아간 그는 아버지와 함께 길을 걷다가, 술 취한 농부가 늙은 말에게 사람이 잔뜩 탄 마차를 끌게 하려고 애쓰는 광경을 보게 된다. 사람들이 그 우스꽝스러운 모습을 보고 비웃자 농부는 화가 나서 늙고 약한 말을 때리기 시작한다. 그가 맹렬하게 매질을 하자 다른 사람들도 '재미로' 합세하고, 마침내 쇠지레와 쇠막대기를 쓰기 시작한다. 늙은 말은 처음에 저항하려고 애쓰지만 이내 쓰러져 죽는다. 매를 맞아 죽은 암말에게 깊은 동정심을 느낀 소년은 그 짐승을 껴안고 입을 맞춘다. 꿈꾸는 내내 농부는 그 암말이 자기 것이므로 자기가 하고 싶은 대로 할 권리가 있다고 소리를 지른다.

꿈을 깬 라스콜리니코프는 '저주받은 나의 꿈'을 부정하고 두려워하며 생각한다. "내가 실제로 도끼를 들어 그녀의 머리를 쳐서 두개골을 부수는 것이 가능합니까… 하느님, 그런 일이 가능합니까?" 이어서 자신이 그런 행동을 할 만한 결단을 내리지 못할 것이기 때문에 "… 이 저주받은 나의 환상을 단념합니다."

그러나 그는 건초시장을 지나다가 전당포 노파의 이복동생 리자베타 이바노브나가 상인들과 나누는 이야기 가운데 "그 노파가 (다음날) 저녁 7시에 집에 혼자 있을 것"이라고 하는 말을 엿듣게 된다.

풀어보기!

인물 탐색 초반의 여러 장면이 계속되는 동안 라스콜리니코프는 다소 열에 들떠 고통스러워한다. 범행 내내 그는 제정 신이 아니었고, 앞뒤가 안 맞는 여러 행동은 열병 탓으로 돌릴 수 있다. 결국 범죄 이론은 범인이 범행을 저지를 때 아픈 경우가 흔하다는 점을 시사하며, 이 논리는 라스콜리니코프의 죄를 가볍게 하는 데 이용된다.

라스콜리니코프가 공원에서 잠을 잘 때 도스토예프스키는 우리에게 다음과 같은 사실을 알려준다. "아픈 사람이 꾸는 꿈은 흔히 유별나게 생생해서 현실처럼 느껴지는 경우가 많다. 꿈속에서 보는 장면은 지극히 부자연스럽고 비합리적인 요소들로 이루어질 가능성이 있다. 그러나 배경과 사건이 그럴 듯하고 구체적인 사항이 너무나 미묘하며 예상을 뛰어넘어 전체 상황과 미적 조화를 이루기 때문에 깨어 있는 상태에서는 그러한 꿈의 내용을 만들 수가 없다. 그처럼 무섭고 병적인 꿈은 이미 불안과 흥분을 느끼고 있는 당사자의 신경에 강력한 인상을 주게 되며 오랫동안 기억에 남는다."

그리하여 도스토예프스키는, 현재와 나중에 꾸는 라스콜리니코프의 꿈이 그에게 특별한 의미를 갖게 되고, 따라서 모든 꿈이 어떤 방식으로든 상징적이라고 선언한다.

인물
탐색 잠에서 깨어난 라스콜리니코프는 '도끼를 들어… 두개골을 쪼개고… 끈적거리는 따뜻한 피 속을 걸어… 숨는 것'이 실제로 가능한지 생각해 본다. 그는 '저주받은 나의 꿈'을 단념하는 것으로 생각을 정리하며, 전당포 노파를 살해하려는 계획을 상징적으로 거부한다. 꿈속에서 라스콜리니코프는 이중성격을 드러낸다. 그는 잔인하게 말을 때려죽이는 농부 미콜카이면서 고통받는 말에게 깊은 동정심을 느끼는 소년이기도 하다. 따라서 잠에서 깨는 라스콜리니코프는 그 꿈을 포기함으로써 미콜카적 측면을 거부한다.

나중에 전개되는 다른 개념들이 이 꿈속에서 제시된다. 즉 재산은 소유자의 책임이라는 개념이 거론된다. 이는 전당포 주인의 막대한 재산과 그것의 자유처분권과 관계가 있다. 그녀가 수사들에게 돈을 주어 영혼을 천도하는 데 낭비할지라도 그것은 노파의 재산이다. 무고한 말이 당하는 고통은 함축된 의미를 지니고 있다. 라스콜리니코프가 나중에 고백할 때 소냐는 그가 더럽힌 모국 러시아의 흙에 엎드려 입을 맞추라고 말하기 때문에 그 암말은 '어머니 러시아'로 해석된다.

라스콜리니코프는 시장에서 엿들은 대화를 통해 리자베타가 다음날 저녁 7시에 집을 비울 것이란 사실을 알게 된다. 이러한 정보는 라스콜리니코프로 하여금 그 상황을 완벽한 범행 기회로 삼도록 내몬다. 나중에 라스콜리니코프는 범행에 대한 생각을 정당화하려고 시도하며, 그 생각이 체계를 갖추기 전에 실행에 옮겨졌다고 주장한다. 그 시점에 심각한 가난과 어머니의 감동적인 편지, 이바노브나가 혼자 집에 있는 상황이 결합해 즉각 실행하도록 몰고 간 것이다.

Chapter 6

 범행에 나서다

라스콜리니코프는 리자베타가 가난한 사람들이 어쩔 수 없이 물건을 내다 팔아야 할 때 중개인 역할을 하기 때문에 상인들과 약속을 잡는다는 사실을 기억한다. 이어서 그는 동료 대학생으로부터 전당포 노파의 주소를 받은 것과 그녀를 만나러 가기도 전에 '느꼈던 억누를 수 없는 혐오감'을 생각한다.

그는 전당포 주인이 얼마나 역겨운 인간인가를 생각하고 있다가 최근 노파와 거래한 청년과 장교가 나누는 대화를 엿듣게 된다. 그들은 노파의 가증스러운 결점들을 열거한다. 그녀는 심술궂고 혐오스런 인간이다. 터무니없이 높은 이자(5-7%)를 물린다. 이복동생 리자베타를 때린다. 단 하루만 늦어도 저당물의 회수권을 말소시켜 가난한 사람들이 소중한 재산을 잃도록 만든다.

라스콜리니코프는, 노파가 고리대금업으로 무고한 사람들에게 해를 주고 그들의 삶을 파멸시키기 때문에, 사회에 문제가 될 수도 있다는 말을 듣는다. 반면에, 그녀를 죽여 '수십 가정을… 구걸과 부패와 파멸과 타락'으로부터 구하는 데 노파의 돈을 사용할 수도 있다. 수천 가지의 선행이 하나의 사소한 범죄를 일소하는 것은 아닐까? 그런 생각은 장교가 친구에게 다음과 같이 물으면서 끝난다. "자네가 직접 노파를 죽일 수 있겠나?" 두 사람은 죽이지 않는다는 데 의견을 같이하는 것으로 이야기를 마친다.

이 대화를 기억해낸 라스콜리니코프는 코트 안쪽에 올가미를 꿰매 붙이고 저당물을 꼼꼼이 포장하는 등 준비를 시작한다. 그는 도끼를 훔치러 가지만 하녀 나스타샤가 문간에 앉아 있어 포기하고, 건물 수위의 도끼를 훔친다. 이런 준비로 출발이 지연되어 노파의 집에 도착하지도 못한 지금 시각은 저녁 7시 30분. 노파의 집에 도착한 그는 노파가 사는 아파트 아래층이 비어 있고 그곳에서 일꾼들이 페인트칠을 하는 모습을 본다. 그가 노파의 아파트로 올라가 몇 차례 초인종을 누르자 그녀가 문을 열어 준다.

: 풀어보기

6주 전 라스콜리니코프가 엿들은 대화는 전당포 노파 같은 사람의 살해를 정당화하는 핵심역할을 한다. 이 대화는 라스콜리니코프가 똑같은 개념들을 독자적으로 고려하는 것과 동시에 이루어진다. 이 개념들은 라스콜리니코프나 도스토예프스키, 또는 노파에 대해 얘기를 나누는 두 사람의 독자적인 개념이 아니라 헤겔*의 사상을 종합한 것이다.

여기서 적용되는 헤겔의 전제는 다음과 같은 점에서 박애주의적이다. (1)전당포 노파는 현실의 '해로운 존재'이며,

---

* **헤겔**(Georg Wilhelm Friedrich Hegel, 1770-1830): 독일의 철학자. 칸트 철학을 계승한 관념론의 대성자.

그녀를 살해하는 것은 사회의 암적 존재를 제거하는 것이다. (2) 노파는 실제로 사악한 일에 관여한다. (3) 그녀가 가진 많은 돈은 그녀의 가증스러운 영혼을 위해 수도원에서 쓸데없는 기도를 올리는 데 허비되기보다는 다수의 가정들을 가난에서 구하는 데 쓰일 수 있다. (4) 그녀를 살해하는 사람은 그 돈으로 '인류에 봉사하고 모두의 선을 위해' 헌신할 수 있다. 그러므로 "한 가지 작은 범죄는 수천 가지의 선행에 의해 일소된다." 헤겔의 대조는 매우 단순하다. 즉 누가 실제로 살인을 할 것인가? 아무도 살인을 수행할 용의가 없을 경우 '거기에는 정의가 존재하지 않는다'.

라스콜리니코프는 대략 6주 전부터 이런 개념들을 검토해 왔음에도 불구하고 오직 계획의 전반적인 윤곽에만 관심을 기울였고 세부사항은 준비하지 않았다. 그가 '전체를 확신할 수 있을 때까지 구체적인 세부사항의 해결을 미뤄왔기 때문에' 나중에 어려움이 발생한다. 따라서 그는 모든 세부사항을 완전히 해결하기 전에 살인을 할 수밖에 없다.

라스콜리니코프는 범죄와 심리학에 관해, 모든 범죄의 실패는 범행 은폐가 불가능하다기보다는 범인 자신에게 있다는 이론을 제시한다. "범행 순간 모든 범인들은 의지와 이성의 붕괴에 직면한다…" 라스콜리니코프는 알료나를 살해한 후 아파트 문을 활짝 열어놓아 리자베타가 들어오도록 만들어 그녀 또한 어쩔 수 없이 죽이게 되었을 때와 그가 예정보다

30분 늦게 전당포 노파의 집에 도착했을 때 의지의 붕괴를 겪게 된다.

　　독자는 아래층에서 페인트공들이 일하고 있다는 사실을 염두에 두어야 한다. 라스콜리니코프는 나중에 페인트 냄새를 맡고 의식을 잃는다. 오랫동안 계속 울린 초인종 소리도 기억하자. 이 소리는 그가 아플 때 다시 기억 속에 되살아난다.

Chapter 7

 노파를 살해하다

문이 조금 열리자마자 라스콜리니코프는 전당포 노파의 아파트 안으로 밀고 들어간다. 노파가 놀라자 그는 단단히 포장한 담보물을 내놓으면서 은제 담배갑이라고 말한다. 그녀가 부지런히 포장을 풀 때 그가 도끼를 꺼내 무딘 쪽으로 돌아선 노파를 내려친다. 그는 몇 차례 더 가격한다. 아주 조심스럽게 도끼를 시체 옆에 내려놓은 그는 노파의 주머니를 뒤진다.

열쇠를 찾던 그는 노파가 십자가 두 개를 걸고 있는 것을 발견한다. 하나는 삼나무, 하나는 구리다. 이어서 열쇠 몇 개와 속이 꽉 찬 작은 가죽지갑을 찾아내 자기 주머니에 넣는다. 그는 방 안을 뒤져 온갖 종류의 금은제 귀중품들을 발견한다.

그때 갑자기 문 쪽에서 발자국 소리가 들려오고, 리자베타가 살해된 언니의 시체 옆에 서 있는 것을 본다. 라스콜리니코프는 즉시 도끼를 집어 들고 극도의 공포에 질린 눈으로 자신을 바라보는 리자베타에게 다가가 '예리한 도끼 날로 두개골을 힘껏 내리쳐 단 일격에 두 동강을 낸다'. 예상치 않은 '두 번째 살인'으로 인해 그는 모든 계획을 완전히 포기하고픈 생각이 든다. 그는 두 번째 살인을 저지른 다음 자백할 생각을 하게 되며, 도끼와 손, 옷에 묻은 피를 닦는다.

그가 떠나려 할 때 초인종이 울린다. 죽은 노파와 약속한 손님 두 사람이 밖에서 기다리고 있다. 그들은 문이 안으로 잠긴 것을 알게 된다. 한 사람은 아파트 수위를 부르러 가고, 이어 또 한 사람이 잠시 자리를 비운다. 그 사이 현장을 빠져나온 라스콜리니코프는 바로 아래층의 새로 페인트를 칠한 방에 숨는다. 살인사건이 발각될 때 그는 슬그머니 그곳을 벗어나 자기 방으로 돌아온다. 그는 도끼를 수위의 방에 다시 갖다 놓은 다음, 반혼수상태에 빠진다.

　　1부는 두 건의 살인사건으로 끝이 난다. 여기에서 노파가 도끼의 무딘 부분으로 살해되는 점에 주목할 필요가 있다. 라스콜리니코프는 노파를 살해할 때 일격으로는 충분하지 않다는 듯이 여러 번 가격한다. 그에 비해 리자베타의 경우에는 도끼날로 쳐서 신속하게 끝낸다. 노파의 살해는 그가 하나의 이론을 스스로에게 입증하기 위해 미리 계획한 것이었다. 그러나 리자베타의 살해는 예상치 못한 것이며 순간적으로 이루어진다. 따라서 비유적인 면에서 두 건의 살인은 라스콜리니코프의 성격이 지닌 두 측면을 상징한다. 라스콜리니코프는 나중에 리자베타의 살인에 관해서는 거의 생각하지 않는다. 그러나 기생충 같은 노파의 죽음은 자기 이론들의 정당성과 직접 상관관계가 있기 때문에 괴로워한다.

인물탐색 범행을 끝낸 직후 현장에서 라스콜리니코프가 제일 먼저 떠올린 생각은 '모든 것을 포기하고 자수하는 것'이었다. 그가 5부 끝에서 실제로 자백할 때까지 여러 차례 떠오르는 자백에 대한 생각 가운데서 이것이 처음이다.

문학적장치 피를 뒤집어쓴 그는 물이 반쯤 찬 양동이를 발견하고 손과 도끼를 물에 씻기 시작한다. 이 정교한 정화의식은 장차 그의 구원과 속죄를 예고한다.

　　거의 같은 시각에 당도한 두 손님 때문에 방 안에 갇히게 된 라스콜리니코프는 그들이 작심하고 계속 초인종을 누를 때 극심한 공포로 인해 두 번째로 자백할 생각을 한다.

그런 다음 새로 페인트를 칠한 방에 숨어 있었기 때문에 나중에 새로 칠한 페인트 냄새로 고통받게 된다. 예를 들어 집주인의 신고로 그가 경찰서에 불려갔을 때 맡았던 새 페인트 냄새도 그가 기절한 원인 중 하나다.

범죄는 이 소설의 일부에 불과하다. 나머지 부분은 벌을 다루게 된다.

제 2 부

Chapter 1

줄거리 경찰서에 소환되다

살인을 저지르고 나서 라스콜리니코프는 깊은 잠에 빠진다. 잠에서
깨어난 그는 두려움에 몸서리치며, 너무 오래 잠을 잔 나머지 자신이 미
치지나 않을까 걱정한다. 그는 자신이 몇 가지 물품을 훔친 사실과 그 물
품을 숨기지도 않고 방 문을 잠그지도 않은 것을 기억해낸다―이건 미친
짓이다. 물품을 감출 때 이미 자신에 대한 처벌이 시작된 것이 아닌가 생
각한다. 훔친 물건들을 방의 구멍 속에 숨기기 위해 허둥댄 그는 잠과 정
신착란이 뒤섞인 상태에 빠져든다.

그는 나스타샤가 문을 두드리는 소리에 다시 잠에서 깨어난다. 그녀
와 함께 온 수위가 경찰서에 출두하라는 소환장을 건넨다. 그는 전날부
터 몸에 열이 났기 때문에 나스타샤는 그가 움직이지 않았으면 한다. 그
는 옷을 입을 때 피 묻은 양말을 신어야 한다는 생각에 꺼림칙하지만 갈
아 신을 양말이 없어 어쩔 수 없다. 그는 경찰서로 가면서 곧바로 범죄를
자백하고 끝내야겠다는 생각을 한다. "경찰서에 들어가 무릎을 꿇고 모든
이야기를 하겠어."

경찰서에 당도한 그는 '새로 실내를 꾸민 방들에서 나는 역겨운 페인

트 냄새'에 압도당한다. 사람들로 붐비는 작은 방들과 신선한 공기의 부족, 경찰서에 소환된 이유에 대한 착각, 견디기 힘든 장시간의 기다림으로 몸에서 열이 끓고 불안감이 커진다. 마침내 그는 밀린 방세 때문에 고소당한 사실을 알게 된다. 자신의 위법사실에 관해 설명을 들은 라스콜리니코프는 주인과 자신의 관계 및 주인 딸과 과거 약혼했던 사실을 장황하게 늘어놓기 시작한다. 경찰관은 차용증서에 서명하도록 지시하고 그를 석방한다. 서류에 서명을 하던 그는 경찰관들이 전당포 노파와 리자베타 살인사건에 관해 논의하는 말을 엿듣고 의식을 잃는다. 정신을 차린 그는 서둘러 집으로 돌아오면서 경찰이 자기를 살인자로 의심한다고 생각한다.

**문학
탐색** 총 6부와 에필로그로 이루어진 이 소설에서 제1부를 서문으로 간주할 수 있다. 왜냐하면 1부만이 범죄에 할애되고, 나머지 2-6부는 자신의 옷 특히 양말에 묻은 피를 끔찍스러워하고 모든 감각을 온전히 통제할 능력을 상실한 직후 시작된 벌에 할애되고 있기 때문이다.

따라서 죄는 성가시고 힘든 엄청난 골칫거리가 된다. 범죄에는 또 여러 유형의 질병이 따른다. 라스콜리니코프의 경우에는 고열과 정상적인 기능 상실, 피에 대한 두려움으로 표현된다. 피 묻은 양말을 신어야 할 때의 혐오는 자신의 살인 행위 내지는 살인행위의 기억 속에 살아야 할 인생에 대한 두려움을 나타낸다. 이 장면은 나중에 그가 마르멜라도프의 피를 뒤집어쓰는 장면과 좋은 대조를 이룬다. 그 상황에서는 피를 만지는 것에 역겨움을 느끼지 않는다.

그는 경찰의 소환장을 받을 때 너무나 흥분한 나머지 나스타샤가 예전에 해준 이야기를 잊는다.

경찰서에 가까워지면서 그는 세 번째로 자백하겠다는 생각을 한다. 경찰서 안에서 무언가 고백할 필요를 느낀 라스콜리니코프는 그의 과거 생활에서 가장 친숙한 사건, 즉 집주인의 딸과 약혼했던 사실을 이야기한다. 약혼녀가 매력 없는 여자였다는 말도 한다. 이것이 자백을 할까 생각한 네 번째 경우이고, 약혼은 고통받는 인간에 대한 그의 동정심을 보여준다. 그는 모든 것을 밝혀야겠다고 생각한 데 뒤이어 다섯 번째로 자백하겠다는 생각을 한다. "즉시 일어나 니코딤 포미치를 찾아가서 모든 것을 말하자." 살인 때문에 경찰서에 불려갈 것이란 긴장감과 공포로 인해 범행을 털어놓겠다는 생각이 계속 일어난다.

2장의 끝에서 라스콜리니코프는 너무 긴장한 나머지 기절한다. 새로 칠한 페인트의 역겨운 냄새는 그에게 살인 장면을 상기시킨다. 신선한 공기의 부족, 붐비는 방, 전당포 노파 피살에 관한 경찰관들의 대화도 기절의 원인이 된다. 이렇게 의식을 잃는 일은 나중에 의심을 받는 빌미가 되고, 포르피리의 수사에 이용된다.

Chapter 2

 범행 후의 방황

경찰서를 떠나면서 라스콜리니코프는 경찰관이 자기 방을 수색하지 않았을까 걱정한다. 그러나 이내 자기 방에 아무도 들어오지 않았다는 것을 알게 된다. 그는 '전리품들'을 모두 주머니에 집어넣고 어디엔가 숨길 계획을 세운다. 한동안 길을 걷다 보니 공원 안이다. 그는 커다란 바위를 옆으로 밀고 그 밑에 훔친 물건들을 숨긴다.

범행 다음날, 라주미킨을 방문하기로 한 사실이 기억난 그는 친구의 숙소로 간다. 라스콜리니코프는 학과수업에 관해 물어보려고 왔다고 말하지만 잠시 후 갑자기 마음을 바꾼다. 라주미킨이 라스콜리니코프에게 어디로 가는지 어디에 살고 있는지 가르쳐 달라고 간곡하게 묻지만 아무 말 없이 떠난다.

정신이 흐릿한 상태에서 강 쪽으로 걸어가던 라스콜리니코프는 달려오는 마차에 치일 뻔하고, 마부의 채찍에 얻어맞는다. 등을 문지르며 서 있을 때 누군가가 그를 거지로 보고 손에 돈을 쥐어준다. 그는 즉시 돈을 던져 버린다.

집에 돌아온 그는 경찰관 일랴 페트로비치가 집주인을 때리는 꿈을 꾼다. 나스타샤가 그를 깨운다. 그녀는 그가 아프다는 것을 알아차리고 그가 정신을 잃자 물을 가져다준다.

　　2장이 시작될 때 라스콜리니코프는 노파의 물품을 모두 없애기로 결심한다. 처음에는 흔적이 남지 않도록 장물을 운하 속에 던지려고 하다가 공원 안의 커다란 바위 밑에 안전하게 숨긴다. 이런 행동을 하는 동안 물품의 가치를 평가하기 위해 살펴보는 수고는 하지 않는다. 훔친 물건들의 값어치를 헤아리지 않은 것은 살인이 돈 때문이거나 돈으로 인류를 돕겠다는 목적 때문에 저질러진 것이 아니란 점을 보여준다.

주제탐색　　앞서 그는 범행 후 라주미킨을 찾아가겠다고 결심했다. 그가 이번 살인행위를 가볍게 넘길 수만 있다면 비범한 초인이 된다. 그러나 그는 또한 사람들과의 접촉이 필요하다. 라스콜리니코프의 범죄 이론 중 일부는, 범죄가 범인을 인간적 접촉으로부터 고립시킨다는 것임을 독자는 나중에 알게 된다. 얼마 후 라주미킨의 숙소에 도착한 라스콜리니코프는 자신이 이처럼 사회를 필요로 하는 것이 나약하다는 증거이며 초인은 완전히 홀로 설 수 있어야 한다고 생각한다. 그 누구의 동정이나 도움을 원하거나 필요로 하거나 받지 않아야 한다. 친구에게 가는 것은 나약하기 때문이며, 그 나약함을 알아차리고는 즉각 라주미킨의 방을 떠난다. 초인은 홀로 설 수 있어야 하고 인간적 접촉, 특히 동정을 피해야 하므로 이와 같은 견지에서 어머니와 누이동생으로부터도 격리된다.

몸이 아프고 정신적으로도 혼란스러운 라스콜리니코프

의 상태는, 마차 앞에서 얼쩡대다가 마부의 채찍에 얻
어맞고, 거지로 오인되는 광경 속에 상세히 묘사된다. 채찍질
과 적선행위는 라스콜리니코프의 이론과 역설적인 대조의 기
능을 발휘한다. 이런 상황은 그가 도움이 필요 없는 비범한 사
람이라기보다는 이러한 모욕을 받아야 하는 약자들 가운데 한
사람임을 보여준다.

Chapter 3

주변사람들의 도움을 받다

　라스콜리니코프는 며칠간 정신이 들락날락하고, 이 기간 동안 나스타샤와 라주미킨이 그를 돌봐준다. 의식을 회복한 그는 자기 방에 낯선 남자가 들어와 있는 것을 발견한다. 어머니가 보낸 35루블을 전달하기 위해 온 사람이다. 라스콜리니코프는 그 돈을 받지 않으려고 하지만 라주미킨이 받으라고 강요하자 여전히 거부하면서도 영수증에 서명한다.

　라주미킨은, 알고 보니 매우 수줍고 친절한 집주인과 어째서 소원하게 지냈느냐며 라스콜리니코프를 나무란다. 라주미킨은 안주인을 추켜세워서 많은 도움을 받도록 해두었다고 밝힌다. 또한 계속 치료를 맡아준 의사 조시모프의 훌륭한 보살핌과 경찰서에서 자메토프가 찾아온 사실도 이야기한다. 자메토프 이야기를 듣고 라스콜리니코프가 화를 내자 라주미킨은 인사차 들렀을 뿐이라고 설명한다. 또한 라스콜리니코프가 의식이 없을 때 더러운 양말을 거의 병적으로 움켜쥐고 있었다고 말해 준다. 라스콜리니코프는 이 모든 관심에 몹시 당혹스러워한다.

　라스콜리니코프가 다시 잠들자 라주미킨은 돈을 조금 가지고 나가 라스콜리니코프의 옷을 몇 벌 사고, 나스타샤의 도움을 받아 그에게 새 옷을 입힌다.

라스콜리니코프의 병은, 병이 범죄를 촉발하거나 범죄에는 항상 어떤 병이 수반된다는 그 자신의 이론을 뒷받침한다. 라스콜리니코프의 고열과 정신착란, 그리고 피 묻은 양말을 숨기고자 하는 병적인 욕구 등은 벌의 시작을 나타낸다.

주제 탐색 라스콜리니코프가 돈을 받지 않으려고 한 것은, 초인(혹은 비범하거나 우월한 사람)은 타인에게 신세를 지면 안 된다는 자신의 견해를 표명한 것이다. 그는 다른 사람들로부터 절대적인 독립을 유지해야 한다.

인물 탐색 자메토프가 찾아와 라스콜리니코프에게 관심을 보인 것은 그의 범죄와는 아무 관계가 없다. 자메토프의 관심거리는 집주인이 고소한 내용과 소환장이다. 라주미킨이 집주인의 비위를 맞출 수 있었던 편안하고 애정 어린 방식은 다시 라스콜리니코프의 고립과 비정상 상태를 두드러지게 한다. 라스콜리니코프는 집주인을 다독일 수 있다는 것을 알지 못했고, 따라서 경찰의 소환을 미리 막지 못했다. 소환장이 범죄 발생과 때맞춰 발부된 것은 역설적이다.

문학적 장치 병의 회복과 새 옷은, 라스콜리니코프가 이제 회복, 속죄, 구원을 향한 길로 들어설 것이란 점을 상징적으로 암시한다.

Chapter 4

: 줄거리 살인 용의자가 체포되다

　의사 조시모프가 환자를 살펴보기 위해 왕진을 온다. 라주미킨은 지방에서 올라온 늙은 삼촌을 위해 그날 밤 자신이 베푸는 축하 파티에 라스콜리니코프가 올 수 있는지 몹시 알고 싶어한다. 경찰서 수석 서기 자메토프가 그 살인사건의 수사관이자 '법대 졸업생' 포르피리 페트로비치와 함께 이 파티에 참석할 것이다.

　조시모프와 라주미킨이 살인 용의자로 두 명의 페인공을 체포했다는 이야기를 했을 때 라스콜리니코프는 평소의 둔감하고 무기력한 태도와 달리 두 사람의 대화에 강한 관심을 기울인다. 페인트공들이 이번 범행을 저지를 수 없었다는 견해를 강력하게 내세우는 라주미킨은 그들의 결백을 상세하게 변론한다. 이 대화를 듣고 라스콜리니코프가 흥분하자 조시모프는 그것이 삶에 대한 관심이 회복되는 것이라고 생각한다.

: 풀어보기

　4장에서는 라스콜리니코프의 적이 되는 포르피리 페트로비치가 소개된다. 라스콜리니코프는 인정하지 않겠지만 사실 포르피리는 그의 친구다.

4장의 핵심은 페인트공들이 살인 용의자로 체포된 사실을 놓고 라주미킨과 조시모프가 벌이는 논쟁이다. 그 논쟁에 라스콜리니코프가 흥분하자 조시모프는 청년이 병에서 거의 회복되었다고 생각한다. 4부에서 페인트공 니콜라이가 범행을 자백했을 때(허위 자백이기는 하지만) 라주미킨의 강력한 변호는 역설적으로 변한다.

　　다수의 새로운 이론과 나중에 허위로 밝혀지는 갖가지 범죄이론들이 관련된 토론, 범죄에 관한 길고 난해한 설명은 그다지 큰 의미는 없다.

Chapter 5

 루진의 출현

두냐의 약혼자 루진이 한껏 차려입고 ('빳빳하고 당당하게') 라스콜리니코프의 방을 찾아온다. 그가 기어들어가는 소리로 어색하게 자기소개를 할 때 라스콜리니코프는 말없이 시무룩한 표정으로 듣는다. 루진이 두냐와 어머니를 위해 마련한 거처에 관해 이야기할 때 그 아파트가 '불결하고 악취가 나며, 더군다나 성격이 의심스러운' 역겨운 곳이란 것을

금방 알 수 있다. 그는 이 도시가 낯설고 지리를 잘 모르기 때문이라며 변명한다. 이어 루진이 레베쟈트니코프와 함께 살고 있다고 말할 때 대화는 살인사건으로 되돌아간다. 마르멜라도프가 라스콜리니코프에게 좋지 않게 말한 이름이었던 것이다.

경찰이 '노파에게 저당물을 맡긴 사람 전원을 조사중'이라고 라주미킨이 말한다. 대화의 화제가 약혼으로 돌아가자 라스콜리니코프는 루진이 두냐에게 신세를 졌다는 생각을 갖게 만들려 한다고 비난한다. 루진은 라스콜리니코프의 어머니가 자신을 잘못 소개했다고 항변한다. 그 순간 라스콜리니코프는 다시 한 번 어머니를 언급하면 계단 아래로 던져버리겠다고 위협하고는 루진에게 빨리 사라지라고 명령한다. 이처럼 갑작스러운 분노의 폭발을 목격한 조시모프와 라주미킨은 라스콜리니코프가 살인에 큰 관심을 가지고 있다는 점에 주목한다.

:풀어보기

이 시점에 루진이 방문한 것은 적절하지 못하다. 첫째, 라스콜리니코프의 병이 나아가는 상황이다. 둘째, 그의 방문은 살인에 관한 토론을 방해한다. 셋째, 라스콜리니코프는 이미 어머니의 편지를 읽고 루진을 싫어한다. 넷째, 루진은 라스콜리니코프의 비좁은 방에 지나치게 격식을 갖춘 화려한 새 옷을 입고 나타난다. 그리고 은인이라도 되는 듯이 거만하고 속물처럼 행동한다. 다섯째, 약혼녀와 장모 될 사람을 위해 얻은 거처에 관해 이야기할 때 조잡하고 인색한 구두쇠란 사실을 드러낸다. 라주미킨에 따르면 그 호텔은 '불결하고 악취가 나며, 더군다나 성격이 의심스러운' 역겨운 곳이다. 앞으로 루진을 더 지켜보면 라스콜리니코프가 그를 몹시 싫어한 것이 전적으로 옳다는 사실이 드러난다. 루진은 나중에 소냐가 자기 돈을 훔쳤다고 비난하고, 함정에 빠뜨려 치욕을 주려고 하는 등 아주 파렴치한 악행을 저지른다.

라스콜리니코프는 포르피리가 전당포 노파에게 저당물을 맡긴 사람들 모두를 조사하고 있다는 사실도 알게 된다. 만약 그가 노파를 살해하기에 앞서 모든 세세한 부분들을 미리 생각해 두었다면 여유 있게 노파의 방을 뒤져 자기가 맡긴 저당물을 파기했을 것이다. 그렇게 하지 못한 사실은 라스콜리니코프가 '모든 세부계획'을 세우기 전에 살인을 저질렀음을 확인해 준다. 또한 그는 적으로 인식한 포르피리에게 선수를 쳐서 만나러 가야 한다는 것도 알아차린다.

Chapter 6

 자백을 결심하다

　　혼자 남은 라스콜리니코프는 곧바로 새 옷을 입은 다음, 옷 사고 남은 돈을 모두 주머니에 넣고 방을 나간다. 그는 건초시장으로 간다. 그곳에서 만난 열다섯 살짜리 아이에게 5코펙을 준다. 그는 말동무를 찾아 술집 쪽으로 더 내려간다. 그때 라스콜리니코프는 평생 1평방미터도 안 되는 공간 속에 갇혀 살아가는 공포를 떠올린다. "오직 살기 위해, 어떻게든 살기 위해—오직 살기 위해." 그가 어떤 삶이라도 살아가기로 결심한 것은 그때다.

　　술집을 나온 그는 깨끗한 식당으로 들어가 살인을 한 날부터 앓아누워 있던 날까지 닷새간의 신문을 청해서 읽는다. 그때 경관이자 라주미킨의 친구인 자메토프가 나타난다.

　　두 사람이 대화를 시작하자 라스콜리니코프는 자신의 갖가지 행동과 동기에 관해 말해 주면서 자메토프를 조롱하기 시작한다. 그는 늙은 전당포 주인의 살인사건 기사를 읽기 위해 식당에 왔다고 하면서, 실제로 그 사건에 깊은 관심을 갖고 있다고 고백한다. 자메토프가 경찰의 사건 처리 방식이 완전히 잘못되었다고 설명하면서 아마추어의 범행임이 틀림없다는 견해를 넌지시 표명하자 라스콜리니코프가 화를 내기 시작한다. 그러다가 그는 완전범죄와 장물은닉 방법에 관한 자신의 생각을 털어놓게 된다. 자신이 전당포 노파와 이복동생의 살인자일 수도 있다는 라스콜리니코프의 설명과 암시에 자메토프는 혼란스럽지만 그가 앓은 병의 후유증으로 치부한다.

라스콜리니코프는 식당에서 나와 우연히 마주친 라주미킨에게 사람들이 따라다녀서 짜증스럽다고 말한다. "나는 자네의 친절을 원하지 않아… 감사할 줄 모르는 인간일지도 모르지. 어쩌면 천하고 야비한 인간이거나. 모두들 제발 나를 혼자 있게 내버려둬. 내버려두란 말야!" 라스콜리니코프가 갑자기 화를 내자 너무나 놀라 그를 그냥 가게 내버려둔 라주미킨은 이같은 분노의 폭발이 병세의 일부란 것을 즉시 깨닫는다.

라스콜리니코프는 어느 다리로 가는데, 그곳에서 한 여자가 투신자살을 기도하는 광경을 본다. 그는 자신도 같은 행동을 하려 했다는 것을 깨닫고는 그런 행동까지 생각하는 자신에게 혐오감을 느낀다. 뒤이어 그는 범행현장으로 갔다가 사람들이 아파트 전체에 페인트칠을 하는 광경을 보고 놀란다. 아파트는 그가 마지막으로 들렀을 때와 완전히 달라 보인다. 그는 다가가 초인종을 누르기 시작한다. 그는 초인종 소리를 들으며 '범행 후 갇혔을 때 느낀 소름끼치고 고통스러울 정도로 두려운 기분을' 회상한다. 페인트공들이 뭐 하고 있느냐고 묻자 함께 경찰서에 가면 모든 것을 이야기해 주겠다고 대답한다. 이 장의 끝에서 그는 경찰서에 출두해 모든 것을 자백하기로 결심을 굳힌다.

앞서 본 바와 같이 새 옷으로 갈아입고 어머니에게서 받은 돈을 챙긴 라스콜리니코프는 속죄하는 방향으로 움직일 준비를 한다. 그가 걸어가면서 처음 한 행동은 15세의 거리가수에게 5코펙을 준 것인데, 이는 동정심을 보여주는 행동이다. 또한 그는 6코펙을 구걸하는 매춘부에게 15코펙을 준다. 그는 동정심을 느끼면서 "1평방미터도 안 되는 공간에 갇혀 살더라도 즉사(卽死)하는 것보다는 낫다"고 판단하며 살아남는 쪽으로 생각을 돌린다. 이러한 생각은 그가 지닌 삶의 욕구에 따라 거부할 수도 받아들일 수도 있는 행동의 동기가 된다.

홍차를 마시려고 카페에 들어간 그는 지난 대엿새 동안 나온 신문을 가져다 달라고 한다. 이 카페에서 자메토프를 만나게 되고, 여섯 번째로 자백할 생각을 한다. 그러나 이번에는 진정한 고백이다. "나는 지금 당신에게 선언합니다… 아니 고백하는 것이 낫겠군요." 그러나 말하는 방식으로 인해 자메토프는 그것을 라스콜리니코프의 정신착란과 병 때문이라고 보게 된다. 라스콜리니코프는 범행을 그대로 재연해서 설명한다. 그리고 "노파와 리자베타를 살해한 사람이 저라면 어떻게 하시겠습니까?"라고 묻는다.

그러나 라스콜리니코프가 예상하듯 자메토프는 그의 고백을 잊어버리는 것이 아니라, 나중에 라스콜리니코프를 범인으로 의심하는 데 일부 계기로 삼는다.

자메토프가 살인범이 경험이 없고 매우 어리석다는 의견을 제시할 때 라스콜리니코프는 기분이 상한다. 라스콜리니코프는 자메토프가 잘못 생각하고 있다는 것을 입증하려고 장물 처리방법을 정확하게 설명한다. 그는 자신의 범행에 소름이 끼치면서도 다른 사람이 실수를 찾아내는 것은 용납할 수 없어 분개한다.

주제 탐색 라주미킨을 다시 만난 라스콜리니코프가 자기를 혼자 내버려두라고 완강하게 말할 때 독자는 자신의 우월성을 확립하기 위해 단독행동을 해야 한다고 생각하는 초인의 등장을 본다.

라스콜리니코프가 자살할 생각으로 다리에 갔다가 낯선 여자가 투신자살을 기도하는 것을 먼저 목격한 다음 일곱 번째로 자백하겠다는 생각을 한다. 임박한 자살이 이번 자백 결심의 동기가 되었다.

라스콜리니코프가 범행현장으로 가는 것은, 병적인 욕구가 범인을 범행현장으로 끌고 가기 때문에 범죄는 일종의 질병이란 이론을 뒷받침한다. 그는 페인트공들의 질문을 받자 그들을 경찰서에 데리고 가서 모든 것을 고백하겠다고 말한다. 이는 그가 여덟 번째로 자백을 생각한 것이다. 이번에는 자신이 초인인지 아닌지에 대한 의문 때문에 느끼는 고통을 끝내기 위해 자백하러 가기로 결심한다.

Chapter 7

 마르멜라도프의 죽음

경찰서로 가는 길에 라스콜리니코프는 끔찍한 사고를 목격한다. 술취한 남자가 비틀거리다가 마차 아래 쓰러져 바퀴에 깔린다. 혼란의 와중에서 라스콜리니코프는 다친 남자가 마르멜라도프란 것을 알아보고 즉각 응급조치에 나서고, 그를 집으로 옮기는 일을 돕는 사람에게 사례를 하겠다고 제안한다.

그들이 집에 도착했을 때, 아내 카테리나 이바노브나는 슬픔과 걱정을 억누를 수 없어 발버둥친다. 아이들은 굶주리고, 장례비도 의지할 사람이 없다. 라스콜리니코프는 위로의 말을 하고는 치료비와 다른 경비를 지불하겠다고 제안한다. 카테리나는 사제를 부르러 보내는 한편, 어린 폴렌카를 시켜 이 소식을 소냐에게 알리도록 한다.

도착한 의사는 마르멜라도프가 곧 죽을 것이라고 진단한다. 마르멜라도프의 장례 절차가 시작되고, 돌아온 폴렌카는 소냐가 곧 올 것이라고 말한다. 마르멜라도프는 카테리나와 방금 도착한 소냐에게 사과의 말을 하려고 애쓴다. 소냐는 화려하고 야한 싸구려 창녀 복장을 하고 있다. "땅에 끌리는 우스꽝스러운 긴 옷자락과 패티코트의 일종인 크리놀린이 달린 지나치게 야한 중고 비단드레스가 이런 장소에 어울리지 않는 꼴불견이란 사실을 그녀는 잊은 듯이 보인다."

소냐를 처음 본 라스콜리니코프는 '그녀가 굴욕감에 짓눌린 채 수치심을 느끼며… 죽어가는 아버지에게 작별인사를 하기 위해 다소곳이 차례를 기다리고 있는' 모습을 바라본다. 그녀의 아버지는 딸이 그런 의상을 입은 모습을 한 번도 본 적이 없다. 아버지와 딸은 말할 수 없는 수치심에 휩싸인다.

라스콜리니코프는 카테리나에게 돈을 건네고 떠나다가, 집 밖에서 니코딤 포미치라는 경찰관을 만난다. 니코딤은 라스콜리니코프에게 피를 뒤집어썼다고 소리친다. 소냐의 부탁으로 폴렌카가 라스콜리니코프를 뒤따라와 이름과 주소를 묻고는 고맙다는 인사를 전한다. 라스콜리니코프는 어린 폴렌카에게 깊은 동정심을 보이면서 자기를 위해 기도해 달라고 부탁한다. 그런 다음, 여전히 자기 앞에 삶이 존재한다고 판단한 그는 죄를 자백하겠다는 생각을 모두 없던 것으로 하기로 결심한다. 이런 생각을 하면서 라주미킨의 숙소를 찾아간 그는 화낸 것에 대해 사과한다. 라스콜

리니코프의 숙소로 함께 걸어오면서 라주미킨은 조시모프의 우려—그가 미쳐가는 것 같다—를 전한다. 라스콜리니코프의 방에 도착한 두 사람은 여동생과 어머니가 기다리고 있는 것을 발견한다. 라스콜리니코프는 어머니와 누이동생의 애정 넘치는 포옹에 응하는 대신 졸도한다.

: 풀어보기

6장 끝에서 라스콜리니코프는 경찰서에 가서 자백하기로 결심한다. 도중에 한 남자가 마차에 치는 광경을 목격하고는 자신이 마차에 부딪힐 뻔하고 채찍으로 맞았던 일을 떠올린다. 그는 다친 사람을 도우러 나서고, 그 부상자는 마르멜라도프로 밝혀진다. 이 일화에서 자백을 원하는 그의 지적인 욕구는 감정적이고 인도주의적인 반응에 압도된다. 그의 지적인 측면은 항상 의도적인 반면, 감정적인 반응은 우발적이다.

주제 탐색 독자는 마르멜라도프의 아파트에서 "당신은 의지할 데가 전혀 없다는 것이 무엇을 의미하는지 압니까?"라고 외치던 말을 생각하게 된다. 라스콜리니코프는 그 아파트의 빈곤하고 불결한 환경을 보고는 모든 비용을 지불하겠다고 나선다. 그리고 동정심에서 카테리나를 돕기 위해 마지막 20루블을 내놓는다. 얼마 전 어머니가 힘들게 모아서 보내준 돈이다. 따라서 어떤 가난한 가족을 위해 써서는 안 되는 돈인 것이다. 다시 라스콜리니코프는 살인을 합리화할 수 있지만, 인간이 고통받는 광경을 참을 수가 없다. 이런 태도는 존재의 양극단을 드러낸다.

인물탐색 라스콜리니코프가 소냐를 처음 보았을 때 그녀는 큰 고통과 수치에 시달리는 모습을 하고 있다. 그는 나중에 소냐가 모든 인류의 커다란 고통을 상징한다고 말한다. 여기서 그는 터무니없이 화려하고 야한 드레스가 그녀의 성실하고 굴욕감을 느끼는 자아와 대비되는 것도 알아차린다. 그는 즉각 그녀에게 마음이 끌린다. 성적인 이유 때문이 아니라 그녀가 겪는 커다란 고통 때문이다.

라스콜리니코프는 남달리 용모가 준수한 청년이다. 도스토예프스키는 소냐를 머리칼이 아름답고 눈동자가 눈에 띄게 푸른 왜소한 여자로 묘사한다.

인물탐색 라스콜리니코프는 마르멜라도프를 도와주는 사이 피를 뒤집어쓴다. 살인을 한 후 자신의 옷에 묻은 노파의 피는 정신착란의 부분적인 원인이 되고 불쾌하게 생각했지만 마르멜라도프를 도울 때 묻은 피는 그에게 살겠다는 결심을 다시 하도록 만든다. 니코딤 포비치에게 "나는 온몸에 피를 뒤집어썼습니다"라고 말할 때는 글자 그대로(마르멜라도프를 도와주다)와 비유적(노파를 살해하다)인 의미 둘 다를 담아 그 말을 했으며, 살기로 작심한다. 그리고 어린 폴렌카와의 만남도 살겠다는 의지를 갖도록 하는 데 영향을 미친다. "인생은 현실이다. 나는 지금 살아 있지 않은가? 내 인생은 그 늙은 여자와 함께 죽은 것이 아니다." 그러나 그는 삶을 긍정하면서 라주미킨과의 우정을 새롭게 다져 사적으로 포르피리를 찾아가는 구실로 삼는다.

　　제2부는 어머니와 여동생의 갑작스러운 출현으로 끝나며, 그는 감정을 못 이겨 기절한다.

제 3 부

Chapter 1

 듀냐에게 빠져드는 라주미킨

라스콜리니코프가 졸도했다가 깨어나자 사람들은 무슨 말을 해야 할지 모른다. 라스콜리니코프는 느닷없이, 두냐의 약혼을 강력하게 반대할 뿐만 아니라 누이가 루진 같은 악한에게 자신을 내던지는 것은 용납하지 않겠다고 말함으로써 분위기를 어둡게 만든다. "내가 파렴치한 인간일지 모르겠지만 설사 그렇다고 하더라도 그런 결혼을 하는 누이와는 의절하겠습니다."

라주미킨은 라스콜리니코프의 폭발하는 분노를 병 탓으로 돌리고 당분간 혼자 내버려두는 것이 좋겠다는 의견을 낸다. 라스콜리니코프의 어머니가 아들과 함께 있고 싶다고 하자 라주미킨은 루진이 구해 놓은 그런 끔찍한 숙소에 두냐 혼자 있게 두어서는 안 된다고 지적한다. 모든 사람이 동의하고 그는 모녀를 숙소까지 데려다준다. 그는 나중에 의사 조시모프를 데리고 라스콜리니코프에게 돌아오겠다고 약속한다. 라주미킨은 두냐에게 반한 나머지 거리 한가운데서 잠시 무릎을 꿇고 그녀의 손에 입을 맞춘다.

라스콜리니코프의 기이한 행동에 어머니가 놀라고, 술
취한 라주미킨이 사태를 수습한다. 이 모임에서 도스토예프스
키는 두냐와 라주미킨 사이의 관계를 설정함으로써 라스콜리
니코프가 마침내 죄를 고백할 때 가족에 대한 현실적인 걱정
에서 해방되고 자신의 행동과 죄에만 전념할 수 있게 한다.

그 동안 독자는 라스콜리니코프와 함께 지내며 모든 것
을 그의 관점에서 보았다. 이제 갑자기 그는 홀로 남겨지고 관
점의 중심은 라주미킨, 그리고 라주미킨과 라스콜리니코프 집
안 사이의 관계로 옮겨간다. 그의 행동은 '술에 취해 도가 지
나치지만' 어머니와 두냐는 그의 착한 심성에 호감을 느낀다.

Chapter 2

라스콜리니코프의 이중성격

잠에서 깨어난 라주미킨은 전날 밤 자기가 한 말을 모두 기억해내고 부끄러운 기분이 든다. 세수를 하고 깨끗한 옷으로 갈아입은 그는 모녀를 보러 집을 나선다. 그는 우선 의사 조시모프에게 친구의 병세를 확인하러 가고, 의사는 라스콜리니코프의 회복에 만족해 한다. 그러나 의사는 페인트공들과 살인사건에 관한 라스콜리니코프의 집착을 불안하게 생각한다.

라주미킨은 아들 소식을 듣고 싶어하는 그의 어머니에게 간다. 라주미킨은 근 2년간 라스콜리니코프와 알고 지냈는데, 때때로 그가 두 가지

성격 사이를 오간다고 말한다. "의심이 많고 변덕이 심해졌습니다. 고상한 성품과 친절한 마음의 소유자이기도 해도 감정을 드러내기를 꺼리고 흉금을 터놓기 보다는 잔인한 행위를 하는 쪽입니다. 병적인 것은 아니지만 비인간적으로 냉담한 태도를 보이기도 합니다. 마치 두 성격 사이를 오락가락하는 것 같죠." 라주미킨은 이어 라스콜리니코프가 병약하고 괴팍하며 추한 정도는 아니지만 외모가 별볼일 없는 주인집 딸과 과거에 약혼한 사실이 있다고 이야기한다.

어머니는 두냐의 허락을 얻어 그날 아침 루진에게서 받은 편지 한 통을 라주미킨에게 보여준다. 루진은 일이 끝나는 내일 밤 모녀를 방문하겠다고 편지에 썼다. 그는 대놓고 "우리의 만남에 라스콜리니코프가 참석하지 않도록 간곡히 요청합니다"라고 썼다. 그 요청이 거부되면 떠날 것이란 위협도 덧붙였다. 이어서 마차에 치여 죽어가는 지독한 주정뱅이의 아파트에서 라스콜리니코프를 보았으며, "그가 품행이 나쁜 여자(즉 창녀)에게 25루블을 주었습니다"라고 알려준다. 어머니는 루진이 전한 아들의 행동을 이해할 수 없다. 그들은 라스콜리니코프를 만나려고 출발하지만 어머니는 아들을 만나는 것이 너무나 두려워 일어서기조차 힘들다.

:풀어보기

2장은 두냐에 대한 라주미킨의 강렬한 감정을 보여주며, 라스콜리니코프가 자신의 죄에 휘말려 있는 동안 라주미킨이 그의 가족을 돌보는 토대를 마련하도록 한다. 라스콜리니코프에 관한 긴 설명은 그의 성격분열을 강조하고, '두 성격 사이를 번갈아 오가는 듯한' 이중성격을 묘사한다.

라스콜리니코프가 괴팍하며 불구인 주인의 딸과 결혼하기를 원했다는 언급은 약자들과 짓밟힌 사람들에 대한 사랑을 보여주며, 나중에 소냐에게 마음이 끌리는 것을 설명하는 데 도움이 된다.

라스콜리니코프가 카테리나가 아닌 창녀에게 돈을 주었다고 지적함으로써 라스콜리니코프와 어머니 사이를 이간질하려는 루진의 기도는 그가 비열한 인간임을 나타내며, 라스콜리니코프가 그의 비열한 면을 지극히 제대로 간파했다는 것을 증명한다. 만남에 라스콜리니코프를 참석시키지 말라는 요청은 라스콜리니코프를 가족에게서 소외시켜 모녀가 자기에게 더욱 의존하게 만들려는 또 다른 시도다.

그 동안 계속 라스콜리니코프을 지켜본 우리가 2장 전체에서 그의 존재를 보지 못하는 이례적인 상황에 있다는 점에 특히 주목해야 한다. 이러한 설정은 두냐와 라주미킨 사이의 관계 발전과 라스콜리니코프가 소냐에게 의존하는 것에 대해 독자들이 마음의 준비를 하도록 만드는 데 필요하다.

Chapter 3

 가족을 만나는 건 괴로워

의사 조시모프는 라스콜리니코프의 상태가 많이 좋아졌다고 알린다. 그러나 안색은 여전히 창백하고, 표정은 멍하고 우울하며, '부상을 당했거나 극심한 고통을 느끼는 사람처럼' 보인다. 의사는 건강을 잃는 원인이 무엇이든 모두가 나서서 이러한 불건전한 요소들을 제거해야 한다는 결론을 내린다.

어머니는 아들을 만난 것이 너무 기쁜 나머지, 상트페테르부르크에 도착했을 때 루진이 마중 나오지 않아서 느낀 공포감을 늘어놓는다. 모녀는 단 둘이 있는 것이 두려웠고, 어머니는 철저히 혼자가 된다는 게 어떤 것인지 아느냐고 아들에게 묻는다. 그때 라스콜리니코프는 마르멜라도프의 고독을 기억해내고 어머니가 보낸 돈을 몽땅 남편이 마차에 치여 죽은 가난한 여자에게 주었다고 말한다. 그는 자기 행동이 옳지 않았다는 것과 어머니가 힘들게 구한 돈을 자신이 낭비할 권리가 없다는 것을 인정한다.

이어 라스콜리니코프는 어머니와 누이가 곁에 없을 때는 두 사람에 대한 사랑의 감정이 극진했던 것을 기억하지만 지금 함께 있는 것은 참기 어렵다는 느낌이 들기 시작한다. 어머니는 마르파 페트로브나가 갑자기 죽었으며, 원인은 남편의 구타 때문이라고 갑작스레 밝힌다. 어머니와 누이동생과 함께 있는 것을 참을 수 없게 된 라스콜리니코프가 갑자기 '문 쪽으로 가지만' 제지당한다. 그는 주인집 딸과의 약혼에 관해 이야기한다.

약혼자의 외모가 평범했지만 절름발이나 '곱사등이'였더라면 '더욱 사랑했을지 모른다'고 말한다. 그는 두냐가 루진과 결혼해서는 안 된다고 주장한다. "나는 내 주장을 거둬들이지 않겠다. 나 아니면 루진을 택해야 한다. 내가 악한이라면, 너는 나쁜 사람이 되어서는 안 된다. 악한은 하나로 족하다. 루진과 결혼하는 즉시 나는 너를 누이동생으로 생각하지 않겠다."

두냐가 약혼을 교묘하게 정당화한 다음 갑자기 라스콜리니코프가 입장을 바꿔 "네가 좋아하는 사람과 결혼하거라" 하고 말한다. 두냐는 그에게 루진의 편지를 보여준다. 재미있다는 듯이 편지를 읽은 라스콜리니코프는 루진이 '나를 중상모략하고 우리 사이를 이간질한다'고 말한다. 두냐는 그에게 루진과 만나는 자리에 참석해 달라고 간청한다. 그녀는 라주미킨도 초대한다.

·풀어보기·

주제 탐색 어머니는 '철저히 혼자가 된다는 게 어떤 것'인지 아느냐고 아들에게 묻는다. 이 질문은 마르멜라도프가 처음 제기했고 라스콜리니코프가 받아들여 소냐와 자신에게 적용한 반복되는 주제다. 이 질문은 라스콜리니코프에게 심각한 영향을 미친다. 그 이유는 그가 동일한 감정과 절망으로부터 얼마 전에 회복되었기 때문이다.

라스콜리니코프는 죄가 평범한 인간을 초월하게 만드는 것이 아니라 그를 가두고 다른 사람들, 심지어 어머니로부터도 고립시킨다는 것을 깨닫는다. "그는 다른 사람에게 어떤 이야기도 자유롭게 할 수 없으리란 점을 갑자기 뚜렷이 깨달았다."

라스콜리니코프의 이중성격은 이번 장에서 반복적으로 강조된다. 그는 두냐와 루진의 결혼에 또 다시 반대한다. "네가 루진과 결혼하면 나는 너를 누이동생으로 생각하지 않겠다." 이는 여동생이 견디기 어려운 결혼을 함으로써 자신을 희생하는 것으로 생각하고 한 말이다. 그러나 갑자기 입장을 뒤집는다. "내가 왜 이런 법석을 떨지? 네가 좋아하는 사람과 결혼하거라." 이처럼 동정적인 태도에서 지적인 태도로 입장을 번복한 것은, 두냐가 태연히 자기 결혼을 합리화한 데 원인이 있다. "내가 누군가를 파멸시킨다면 그 사람은 나일 뿐입니다. 나는 자살을 하는 것이 아녜요." 이 발언은, 라스콜리니코프 자신이 다른 인간들 위에 설 수 있는지 알아보기 위해 살인을 했다는 사실을 깨닫게 한다. 따라서 그는 두냐가 누구와 결혼하든 상관하지 않겠다는 태도를 취하지 않을 수 없게 된다.

궁극적으로, 라스콜리니코프를 루진과의 만남에 초대할 것인지 하는 문제는, 마르파 페트로브나가 두냐에게 돈을 물려주었다는 소식을 그녀가 알기 전에 제기되는 것이 마땅하다. 그래야만 두냐가 루진과의 결혼을 무릅쓰는 것은 돈 문제와 관련이 없다는 것을 알 수 있다. 두냐는 진실한 사람이며 나중에 라주미킨의 사랑을 받을 만하다는 것을 입증한다.

Chapter 4

 소냐, 라스콜리니코프를 찾아오다

    수수한 옷을 입은 소냐가 잔뜩 어색한 표정을 지으며 겸손한 태도로 나타나자 가족회의가 돌연 중단된다. 그녀는 어머니의 뜻에 따라 라스콜리니코프를 장례식과 위로연에 초대하러 온 것이다. 그는 소냐에게 의자를 권하고 할 이야기가 있다고 말한다. 소냐는 두냐와 그의 어머니의 면전에서 의자에 앉아서는 안 되기 때문에 더욱 당황한다. 그녀는 또한 라

스콜리니코프의 '침실'에도 들어가는데, 방이 허름한 것을 보고 그가 가진 돈을 전부 자기 가족에게 주었다는 것을 깨닫는다.

두냐와 어머니는 떠나지 않을 수 없다. 어머니는 라스콜리니코프와 소냐 사이에 어떤 중요하고 특별한 의미가 있다는 예감을 느낀다. 특히 루진의 편지를 본 이후여서 더욱 그렇다. 한편, 두냐는 루진이 '중상모략을 일삼는 불쾌한 인간'이라고 판단한다.

그는 소냐와 단 둘이 있고 싶지만 먼저 라주미킨에게 포르피리와의 면담을 주선해야 한다고 말한다. 소냐가 떠난다. 스비드리가일로프가 소냐를 뒤따라갔다가 그녀가 자기 이웃 방에 살고 있다는 사실을 알게 된다.

라주미킨과 함께 포르피리를 만나러 가는 길에 라스콜리니코프는 라주미킨이 두냐를 사랑하게 되어 상사병에 걸린 로미오처럼 행동한다고 놀리기 시작한다. 라스콜리니코프는 라주미킨이 면도와 목욕을 하고 깨끗한 내복을 입었으며 머리에는 '포마드'를 바른 사실을 지적한다. 두 사람은 큰 소리로 웃으며 포르피리 페트로비치를 찾아간다.

:풀어보기

4장은 다른 어느 장보다 통일성이 떨어지고 산만하다. 첫째, 라스콜리니코프의 작은 방에서 여러 사람이 만난다. 둘째, 두냐와 어머니가 거리에서 대화를 나누는 장면으로 옮겨 간다. 셋째, 라스콜리니코프, 소냐, 라주미킨이 밖에서 의논을 한다. 넷째, 소냐가 그곳을 떠나고 스비드리가일로프가 미행한다. 끝으로, 라스콜리니코프가 라주미킨을 로미오라고 놀린다. 이처럼 산만한 구성은 이 작품의 전형적인 형태와 다르다.

　　이 소설이 집필된 시대에는 소냐가 라스콜리니코프의 숙소에 나타나는 것은 엄연한 실수다. 그가 어머니와 누이동생이 있는 자리에 소냐를 동석시킨 것은 엄청난 사회적 계급 질서의 위반이며, 어머니와 누이동생에 대한 심각한 모욕으로 해석될 수 있다. 그러나 이러한 실수는, 그가 무의식적으로 소냐가 자신의 구원수단이 되리란 사실을 느끼고 있다는 것으로 설명될 수는 있다.

　　소냐가 집으로 돌아오는 장면에서 대단히 중요한 인물인 스비드리가일로프가 소개된다. 그는 왜 그녀를 몰래 미행하는 것일까? 그는 소냐의 옆방에 살고 있으며, 이러한 근접성 덕분에 라스콜리니코프가 소냐에게 고백하는 말을 들을 수 있게 된다.

　　이 장은, 라스콜리니코프가 포르피리에게 쾌활하고 건강하다는 인상을 주기 위해 짐짓 명랑한 척하며 포르피리를 만나러 가는 장면으로 끝난다. 이 부분은 라스콜리니코프가 다시 침착하고 이성적이 되었다는 것을 보여준다.

Chapter 5

 초인과 범인

 라스콜리니코프는 웃음을 감추려고 애쓰며 포르피리의 사무실로 들어선다. 그는 경찰서의 수석 서기 자메토프를 보고 놀라며, 이어서 포르피리를 소개받는다. 그는 포르피리에게 공적인 방문목적을 이야기한다. 전당포 노파에게 값어치가 별로 없는 물품을 몇 가지 맡겼다. 그에게는 심적으로 대단히 가치가 있는 것들이다. 특히 아버지가 물려준 시계는 각별하다. 포르피리는 전당포 고객들이 이미 자기 물건들을 모두 찾아갔기 때문에 라스콜리니코프가 찾아올 것으로 예상했다고 말한다.

 포르피리는, 라스콜리니코프가 저당 잡힌 물품에 관해 모두 알고 있으며 늙은 전당포 주인이 꼼꼼하게 포장하고 포장지 위에 라스콜리니코프의 이름을 기록해 놓은 사실을 파악했다고 알려준다. 또한 라스콜리니코프가 병을 앓았고 자메토프를 만났으며 마르멜라도프의 사고현장에 있었던 사실도 알고 있다고 넌지시 밝힌다. 이러한 포르피리의 말을 듣고 불안해진 라스콜리니코프는 '고양이가 쥐를 데리고 놀듯이' 그가 자신을 갖고 논다고 생각한다. 그러자 순간적으로 모든 사실을 자백할까, 하는 마음이 생긴다. 그 경찰관이 이미 모든 사실을 알고 있다는 느낌이 들기 때문이다.

 범죄와 범인의 환경과의 상관관계에 대한 토론이 끝난 뒤, 포르피리는 2개월 전 어느 저명한 잡지에 게재된 라스콜리니코프의 범죄에 관한 평론을 읽었다고 밝힌다. 그 평론이 실제로 게재되었다는 사실에 라스콜리니코프를 포함해 모두가 놀란다. 이어 포르피리는 라스콜리니코프의 이론 가운데 몇몇 부분에 대해 좀더 상세히 설명해 달라고 요청하고, 라스콜리니코프가 이에 응한다.

라스콜리니코프가 평론에 쓴 범죄이론의 요점은 '비범한 사람들'과 대비해 '평범한 사람들'로 분류되는 이들의 의무에 관한 것이다. 개략적인 설명은 다음과 같다. (1) 범죄를 저지르는 데는 항상 병이 수반된다. 병이 범죄를 저지르도록 만들기도 하고, 혹은 범죄를 저지름으로써 병에 걸리기도 한다. (2) 모든 사람들은 '평범'과 '비범'으로 나뉜다. (3) 평범한 사람들은 평범하기 때문에 복종하는 생활을 해야 하며, 법을 위반할 권리가 없다. (4) 반면에 비범한 사람은 비범하기 때문에 어떤 범죄라도 저지를 수 있고, 모든 방식으로 법을 위반할 권리가 있다. 그것은 공식적인 법적 권리는 아니지만, 자신의 이념실현을 가로막는 법이나 장애를 만났을 때 그것을 딛고 넘어갈지 말지를 자신의 양심에 따라 결정하는 내면의 권리다. (5) 위대한 사람들은 인류 전체의 이익을 위해 자신이 발견한 사실들을 알리도록 소수의 사람들을 제거할 권리를 갖게 되거나 가져야 한다. (6) 뭔가 새로운 것(새로운 말)을 제공할 능력이 있는 모든 위대한 사람들은 일반 법률에 복종하지 말아야 한다. 복종한다면 비범한 사람들 가운데 속하지 않는다는 증거다. 위대하다는 것은 일반 법률의 상도에서 벗어난다는 의미다. (7) 결론적으로 사람들은 단지 자기와 같은 사람들을 재생산할 수 있는 열등한(평범한) 사람들과 '새로운 말을 할 수 있는 재능을 타고난' 우월한 사람들의 두 부류로 나뉜다.

라스콜리니코프가 설명을 마치자 포르피리는 이처럼 특수한 이론을 고안하거나 구성하는 동안 자신이 비범하다고 생각했을 가능성이 있는지 넌지시 의문을 표한다. 라스콜리니코프는 설사 그렇게 생각했다 할지라도 포르피리에게는 말하지 않겠다고 하고는 자신을 나폴레옹이나 마호메트 같은 사람으로 생각하지는 않는다고 한다. 포르피리가 이런 우월한 인간이 고통을 받느냐고 묻자, 라스콜리니코프는 '고통과 괴로움은 박학다식하고 심오한 감정을 지닌 사람들의 항구적인 의무'라고 답한다.

설명을 듣고 난 포르피리는 저당물 얘기로 되돌아가 라스콜리니코프에게 그곳에서 일하고 있던 페인트공들을 본 기억이 있느냐고 묻는다. 이 질문에 함정이 있다고 느낀 라스콜리니코프는 페인트공들을 본 기억은 없지만 몇 사람이 집 밖으로 나가는 것은 보았다고 대답한다. 라주미킨은 포르피리에게, 페인트공들은 살인사건 당일에만 그곳에 있었고 라스콜리니코프가 마지막으로 그곳에 간 것은 살인사건이 나기 며칠 전이었다는 사실을 상기시킨다. 포르피리는 생각에 혼란을 일으킨 척하며 라스콜리니코프에게 사과한다.

5장은 35세인 포르피리를 총체적으로 소개한다. 라스콜리니코프가 만만찮은 상대를 만난 게 분명하다. 예를 들어, 라스콜리니코프의 평론에 관해 토론하는 과정에서 포르피리는 라스콜리니코프가 범죄이론을 고안할 때 자신을 비범한 사람으로 간주하지 않았는지 알고 싶다고 넌지시 묻는다. 즉, 그 이론을 믿는다면 라스콜리니코프가 아무리 자신을 나폴레옹이나 마호메트처럼 생각하지 않는다고 하더라도, 자신을 비범한 인간으로 간주했음이 틀림없다는 이야기가 된다.

라스콜리니코프가 비범한 인간 행세를 거부했음에도 그의 이론에서 실질적으로 새롭고 독창적인 내용(따라서 그를 비범한 사람으로 만들 가능성이 있다.)은 '양심의 이름으로 살인을 용인한다'는 발언이다. 위대한 인간은 자신의 새로운 말을 세상에 전할 의무가 있고, 그 의무이행이 한 인간(혹은 기생충)의 살해를 의미한다면 살인을 해야 한다는 것이다.

포르피리가 라스콜리니코프에게 전당포 주인의 아파트에 갔을 때 두 명의 페인트공을 혹시 보지 못했는지 아무렇지도 않게 묻는데, 이는 대단히 현명한 수법이다. 이 질문은 함정이고, 라스콜리니코프도 그것을 안다. 왜냐하면 그가 시계를 전당포에 잡히던 날에는 페인트공들이 거기 없었으나 노파가 살해되던 날에는 있었기 때문이다. 라스콜리니코프는 명석해서 함정을 알아차리고 피한다. 그가 이 함정을 알아차린 것은 이성적 능력이 회복되었음을 다시 한 번 보여주는 것이다. 결과적으로 포르피리는 라스콜리니코프가 앞서 생각한 바와 같이 '고양이와 쥐' 놀이를 하고 있다.

주제탐색 위대한 사람들은 고통을 받을 것이라는 주장과 위대한 사람들은 동정심과 평범한 사람들에 대한 의존을 초월해야 한다는 나중의 주장 등과 같이 라스콜리니코프의 이론 가운데 일부는 상충되는 듯이 보일지 모른다. 그러나 이것은 도스토예프스키가 의도적으로 설정한 것이다. 이처럼 상충되는 부분들은 라스콜리니코프가 나중에 자신의 범죄를 소냐에게 설명하려고 할 때 정당화해야 하기 때문에 존재한다.

Chapter 6

스비드리가일로프의 방문

라스콜리니코프와 라주미킨은 포르피리의 사무실을 떠나 두냐와 어머니를 만나러 간다. 두 사람은 살인에 관한 대화가 의미하는 바를 토론하고, 라스콜리니코프는 자신이 의심받고 있음을 확신한다. 라주미킨은 라스콜리니코프가 혐의를 받는 것에 대해 몹시 분개하면서 먼 친척인 포르피리에게 따질 심산이다.

두 사람이 모녀가 머물고 있는 숙소에 도착하자 라스콜리니코프는

곧 돌아오마고 약속하고 라주미킨과 헤어진다. 그는 자기 방으로 달려가 증거가 될 만한 작은 조각이라도 있는지 찾아보지만 아무것도 발견하지 못한다.

라스콜리니코프가 방에서 나올 때 수위가 그를 탐문하고 있던 사내 하나를 가리킨다. 가까이 다가온 그 정체 모를 인물은 라스콜리니코프에게 "살인자!"라고 하고는 가버린다. 라스콜리니코프가 그 사람의 뒤를 쫓지만 아무것도 해결되지 않는다. 이 일로 크게 흥분하고 혼란에 빠진 라스콜리니코프는 어머니에게 가지 않고 자기 방으로 돌아가 잠이 든다.

그는 자기 이론의 근거를 검토하기 시작한다. 그러면서 그 이론의 고결성을 여전히 믿지만 전당포 노파 같은 구역질나는 인간을 대상으로 실천에 옮김으로써 고결성의 일부를 훼손하지는 않았을까, 우려한다. 나폴레옹은 '모든 것이 허용된' 진정한 지배자였다. '피라미드'를 정복하고 '툴롱*을 파괴한' 나폴레옹이 사악한 노파의 침대 밑을 기어 다녔으리라고는 생각할 수 없다. 이어서 그는 자신이 '인간을 살해한 것이 아니라 원칙을 죽였다'는 것을 깨닫는다. 뿐만 아니라 그 자신 또한 기생충일지도 모른다고 생각하고, 다시 자백할 마음을 먹는다.

잠이 든 그는 늙은 전당포 주인을 도끼로 내려치는 꿈을 꾼다. 그러나 이번에는 노파를 죽이지 못한다. 잠에서 깨어나니 스비드리가일로프가 방 문 앞에 서 있다.

---

* **툴롱**(Toulon): 프랑스 남부의 도시. 1793년 프랑스 혁명 때 왕당파와 영국군이 이곳을 점령하였으나 나폴레옹이 이를 격퇴하여 명성을 얻었다.

라스콜리니코프는 라주미킨의 관심과 보살핌 때문에 부담감을 느끼며 자기만의 비밀 세계로 돌아가야 할 필요를 느낀다. 그리하여 또 한 차례 힘든 작별을 하게 된다.

그를 살인자라고 부른 수수께끼 같은 남자의 출현으로 라스콜리니코프는 불안을 느끼고 극도로 당황한다. 그 남자는 라스콜리니코프가 되돌아간 범죄현장에 있던 사람이다. 또 라스콜리니코프가 다시 찾아간 포르피리의 사무실 밖에 숨어서 기다리기도 한다. 포르피리가 '숨겨 놓은' 사실이라고 계속 언급하는 바로 그 사람이다.

포르피리와 맞서 어쩔 수 없이 자신의 이론을 옹호하고, 정체 모를 남자로부터 살인자란 말을 들은 후 혼란에 빠진 라스콜리니코프는 자기 이론을 다시 점검하게 된다. 그는 이론의 근거를 여전히 강하게 믿고 있으나 자신이 그것을 실현하기에 충분한 자격을 갖추지 않았다고 생각한다는 사실이 재검토를 통해 밝혀진다. 그는 노파의 살해나 죽음에 대해 양심의 가책을 거의 느끼지 않는다. 오히려 늙은 전당포 주인의 비열함이 자신의 이론을 손상시켰다고 분개한다. 그는 자신의 이론이 고귀하다면 고귀한 대상에게 실험했어야 한다는 추론을 전개한다.

이렇게 숙고한 결과, 열 번째로 자백하겠다는 생각을

하게 된다. 이번에는 어머니를 사랑하지만 가까이 갈 수 없다는 생각이 동기로 작용하고, 범죄가 인간을 고립시킨다는 자신의 이론이 자기 자신에게 적용되고 있는 것은 아닌지 우려한다.

주제 탐색 6장의 끝에서 라스콜리니코프는 왜 함께 살해한 리자베타는 생각하지 않고 항상 노파만 생각하는지가 궁금하다. 그 이유는 노파의 살해가 그의 이론이 지닌 정당성을 표상하기 때문이다. 사전에 계획된 그 살인행위는 이론의 일부로써 실행되었다. 그러므로 노파의 살해는 지적 존재로서의 그 자신에 관한 문제다. 그러나 자포자기와 공포로 인해 아무 생각 없이 리자베타를 살해한 사실은 철학적 존재로서의 자신에게 위협이 되지 않는다.

이처럼 생각이 복잡한 그가 늙은 전당포 주인을 다시 살해하는 꿈을 꾸는 것은 당연한 현상이지만 이번에는 실패한다. 그가 무서운 악몽에서 깨어났을 때 악의 상징인 스비드리가일로프가 나타난 것은 적절하다.

제 4 부

Chapter 1

 초인의 두 얼굴

스비드리가일로프는 두 가지 이유 때문에 라스콜리니코프를 만나러 왔다고 밝힌다. 첫째, 오래 전부터 라스콜리니코프를 만나고 싶었고, 둘째, 두냐와의 만남을 도와주었으면 하는 것이다. 라스콜리니코프는 즉각 거부 의사를 밝힌다. 스비드리가일로프는 자기가 겪은 수많은 일화를 말하면서 거리낌 없이 자기 모습을 드러낸다. 그는 자신이 잘못한 점을 알지 못한다. 과거에 승마용 채찍으로 아내 마르파 페트로브나를 때린 적이 있음을 시인하지만 일부 여자들은 지배당하는 것을 좋아한다는 것이다. 그는 두냐에게 청혼한 것을 인정한다. 그러나 많은 여자들은 남자가 그런 식으로 관심을 보여주면 기뻐하고, 또 일부는 "화를 내는 척하지만 폭행당하는 것을 매우 즐기고… 일반적인 여자들은 모욕당하는 것을 매우 좋아합니다."

은밀한 관계에 대해 이처럼 타락한 얘기를 들은 라스콜리니코프는 일어나서 곧바로 그곳을 벗어나고 싶은 충동을 느끼지만 호기심 때문에 그러지 못한다. 대화를 나누면서 스비드리가일로프는 자신과 라스콜리니코프가 많은 공통점을 지니고 있다고 지적한다. 라스콜리니코프는 이런 발상을 거부하지만 모든 종류의 경험에 흠씬 빠진 '속물이자 호색한'과의 대화에 묘한 흥미를 느낀다. 라스콜리니코프가 이야기에 빠져 주의 깊게 듣고 있는 가운데 스비드리가일로프는 두 사람 사이에 막연한 우정 같은 '어떤 공통점'이 존재한다는 생각이 든다고 되풀이해 말한다.

끝으로 그는 두냐가 루진과 파혼하도록 1만 루블을 선물하고 싶다고 밝힌다. 그러면서 두냐가 '가족을 위해 지극히 고결하게 자신을 희생하고 있다'고 주장한다. 그녀가 자기 선물을 받지 않는다면 어쨌든 루진의 돈을 받게 되고 아주 잔혹한 결혼에 갇힐 것이란 얘기다.

스비드리가일로프는 다시 한 번 "당신에게는 나와 뭔가 비슷한 점이 있습니다"라고 강조하고, 라스콜리니코프가 돕지 않으면 직접 두냐를 찾아가겠다고 말한다. 그는 떠나면서 마르파 페트로브나가 유언으로 두냐에게 3,000루블을 남겼다고 말한다.

: 풀어보기

주제 탐색 제4부는 스비드리가일로프가 라스콜리니코프 앞에 나타나는 것으로 시작된다. 그는 육욕의 화신이자 오직 자신의 욕망과 욕구를 충족시키고 의지를 관철하는 데만 관심을 기울이는 초인의 한 유형이다. 그는 자신의 갖가지 행동에 대해 양심의 가책을 느끼지 않고 타인에게 의존하지 않는다. 오로지 관능적인 쾌락을 얻기 위해 자신의 지능을 사용한다. 제약이 많았던 19세기 사회에서 자신을 원칙 없고 타락한 인간이라고 밝히는 식으로 성적인 쾌락 탐닉을 떠벌린다.

라스콜리니코프는 그의 이러한 면이 두렵고, 그가 여전히 두냐에게 음흉한 속내를 갖고 있다고 생각하기 때문에 두냐를 만나게 해달라는 요청을 거부한다. 그리고 두냐가 오직 돈 때문에 루진과 결혼한다고 생각하면서도 스비드리가일로프의 도움을 거절한다. 스비드리가일로프 같은 속물이 두냐의 결혼에 관해 자기와 똑같은 주장을 하고 있다는 사실만으로도 라스콜리니코프는 심히 불쾌하다.

주제 탐색 ▶ 자신과 라스콜리니코프 사이에 뭔가 공통점이 있다는 스비드리가일로프의 거듭된 주장에 심한 거부감을 느끼면서도 그는 두 사람 사이에 어떤 유사점이 있음을 인정한다. 특히 두냐의 결혼에 관해 자기와 같은 주장을 했기 때문이다. 그러나 더욱 중요한 공통점은 두 사람이 자기 의지를 타인에게 관철시키려고 하고, 이러한 초인적 측면이 두 사람을 같은 반열에 서게 한다.

Chapter 2

 비열한 루진, 실체를 드러내다

라스콜리니코프는 루진을 만나러 가면서 라주미킨에게 스비드리가일로프가 어떤 사람인지 설명하며 이렇게 말한다. "이유는 모르겠지만 그 남자가 아주 두려워." 그는 스비드리가일로프로부터 두냐를 지키는 데 라주미킨이 도와주기를 희망한다. 라주미킨은 당연히 동의한다.

두 사람은 아파트 밖에서 루진을 만난다. 이때 루진은 스비드리가일로프에 관해 몇 가지 다른 이야기를 전해 준다. 스비드리가일로프가 열다섯 살짜리 벙어리 소녀를 농락했고 그 소녀가 나중에 목을 매 자살했다는 이야기와 또 하나는 스비드리가일로프의 하인 필립이 주인에게 매를 맞고 조롱당해서 역시 목을 매 스스로 목숨을 끊었다는 것이다. 루진은 스비드리가일로프를 '가장 심하게 타락하고, 완전히 악에 물든' 사람이라고 단정한다. 이 두 가지 일화에 대한 두냐의 견해는 다르다. 하인 필립은 마약중독자였고, 다른 하인들은 성실하고 충직하게 스비드리가일로프를 모셨다는 이야기를 들었다는 것이다. 루진은 자기 '약혼녀'가 스비드리가일로프를 두둔하는 것 같아 기분이 상한다. 라스콜리니코프는 두냐에게 마르파 페트로브나가 3,000루블을 남겨주어 곧 받게 될 것이라고 밝힌다.

라스콜리니코프가 스비드리가일로프와 만난 사실을 말하지 않자, 루진은 그것을 개인적인 모욕으로 받아들여 떠나려는 척한다. 루진이 편지에서 마르멜라도프의 죽음과 소냐에 관해 거짓말했던 사실을 라스콜리니코프가 거론하자 루진은 라스콜리니코프의 행동을 넌지시 비꼬는 말로 응수한다. 말다툼이 격해지자 루진은 점점 더 지독하고 무례한 말을 내뱉다가 마침내 모든 불쾌한 소문에도 불구하고 그녀를 약혼녀로 받아들였다고 말함으로써 두냐를 모욕하기에 이른다. 이 말에 라스콜리니코프가 웃는다. 그의 어머니는 몹시 화를 낸다. 두냐는 루진을 '비열하고 사악한 사람'이라고 비난하고, 라주미킨은 패겠다고 위협한다. 두냐는 루진에게 나가라고 말한다. 그는 떠나면서도 라스콜리니코프와 소냐를 험담하기 위한 방법을 궁리한다.

· 풀어보기

이 장에서는 비열하고 사악한 루진이 호색한 스비드리가일로프를 경멸하는 역설을 보여준다. 스비드리가일로프가 그런 악행을 저질렀는지는 의문의 여지가 있으며, 두냐가 몇 가지 일화를 반박하자 루진은 그녀가 스비드리가일로프를 두둔한다고 생각한다. 두냐는 단지 상황을 냉정하게 볼 뿐이며, 심지어 자신이 두려워하고 싫어하는 스비드리가일로프일지언정 공정하게 판단하고 싶어한다. 그러나 그를 둘러싼 항간의 소문은 그가 아주 부도덕한 인간임을 뒷받침한다.

루진이 두냐에게 '나쁜 소문에도 불구하고 그녀를 약혼녀로 받아들이기로 고결하게 결심했다는 점'을 상기시킬 때 그의 추잡한 성격이 드러난다. 그는 두냐에 관한 소문들이 잘

못되었다는 것을 확신하면서도 그런 소문을 언급하며 그녀를 모욕한다. 나중에 루진이 라스콜리니코프보다 자신이 우월하다는 것을 증명하기 위해 그를 함정에 빠뜨리려고 기를 쓰고 노력하는 모습은 소름끼치는 그의 성격을 여실히 보여준다.

Chapter 3

라스콜리니코프, 다시 떠나다

루진은 두냐처럼 훌륭한 표적이 자기 손에서 빠져나간다는 것을 믿고 싶어하지 않는다. 그는 '꿈속에서는 이미 그녀의 지배자이자 주인이었고', 자신의 영달을 위해 그녀를 이용할 계획이다.

한편, 라스콜리니코프는 두냐에게 스비드리가일로프가 1만 루블을 선물하고 싶어한다는 말을 전한다. 모두들 이런 제안에 어리둥절해 하며, 그와는 어떠한 접촉도 하지 않기로 결정한다. 마르파 페트로브나가 두냐에게 남긴 3,000루블로 모두가 혜택을 얻을 수 있는 방법 한 가지를 라주미킨이 제안한다. 번역물 출판업자들을 상대로 소규모 인쇄소를 개업하자는 것이다.

갑자기 라스콜리니코프는 가야겠다고 말한다. 그는 어머니에게 양해를 구하면서 몸이 좋지 않다는 것을 강조한다. 그가 떠날 때 라주미킨이 따라나선다. 라스콜리니코프는 '어떤 암시'를 통해 메시지를 암암리에 전할 수 있게 되고, 라주미킨은 그를 가도록 내버려둔다.

주제
탐색
갑자기 가족에게 혼자 있어야겠다고 한 라스콜리니코프의 말은 범죄가 범인을 사회로부터 고립시키고, 범죄가 병의 발생을 유발한다는 자기 이론의 진실성을 재차 강조하게 만든다. "우리가 잠시 헤어져 있는 것이 더 좋겠다는 말씀을 드리고 싶었습니다. 저는 몸이 아파요. 마음이 불편합니다. 제발 혼자 있게 내버려두세요… 혼자 있고 싶습니다. 혼자 있는 것이 제게는 더 좋아요. 제게 묻지 마세요. 할 수 있으면 제가 직접 오거나… 어머니께 사람을 보내겠습니다. 하지만 어머니께서 저를 사랑하신다면 저를 보내주세요. 그렇지 않으면 어머니를 미워하게 될 거란 생각이 듭니다."

라스콜리니코프는 범죄 연루 사실을 어떤 방식으로 라주미킨에게 알려줄 수 있다. 여기서 라주미킨의 소설 속 역할이 정해진다. 그는 라스콜리니코프의 어머니와 여동생을 돌보게 되고, 따라서 라스콜리니코프는 부담 없이 가족을 떠나 죄에 대한 벌을 받을 수 있게 된다.

Chapter 4

소냐와 만나다

"라스콜리니코프는… 소냐가 사는 곳으로 곧장 갔다." 그가 나타나자 소냐는 소스라치게 놀라며 안절부절못한다. 라스콜리니코프는 가난에 찌든 아파트와 바짝 마른 그녀를 보고 깜짝 놀란다. 두 사람이 자리에 앉

자 로자는 그녀의 집주인 카페르나우모프와 그녀의 일, 그리고 카테리나 이바노브나와의 관계에 대해 묻는다. 소냐는 그의 질문이 수치스럽고 당혹스럽지만 간결하고 솔직하게 대답한다.

그는 이어 카테리나와 아이들의 끔찍하고 암울한 미래를 그려본다. 그는, 기침할 때 피를 토하는 카테리나는 곧 죽을 것이며 아이들은 무일푼으로 남겨질 것이라는 말로 소냐에게 비아냥댄다. 소냐는 저축할 능력이 없고 폴렌카 역시 매춘에 발을 들여놓을 가능성이 있다고 빈정댄다. 이 모든 비아냥에 대해 절망과 당혹감을 나타내는 소냐는 "하느님이 그렇게 되도록 내버려두지는 않을 거예요"라고 대답한다. 어쩌면 하느님이 존재하지 않을지도 모른다는 라스콜리니코프의 빈정거림에 소냐는 하느님이 없는 세계를 생각할 수 없기에 고통은 커진다.

그 순간 라스콜리니코프가 갑자기 소냐 앞에 엎드려 절을 하고, 발에 입을 맞추며 말한다. "나는 당신에게 절을 하는 것이 아닙니다. 인류의 모든 고통 앞에 절하는 것입니다." 이어서, 소냐를 자기 누이 옆에 앉힘으로써 누이를 명예롭게 한 것은 "당신의 불명예와 죄 때문이 아니라 당신이 받는 커다란 고통 때문"이라는 그의 말에 소냐는 충격을 받는다. 그는 소냐에게 '당신 속에 그런 수치와 비천함이 성스러운 감정들과 어떻게 공존할 수 있는지' 설명해 달라고 부탁한다. 이어서 라스콜리니코프는 그녀에게는 자살, 정신병원, 완전한 타락의 세 가지 선택만이 존재한다는 것을 깨닫는다.

옷장 위에서 낡고 헤진 성경을 발견한 그는 그것이 그녀와 절친했던 리자베타의 선물이며, 그녀가 리자베타를 위해 진혼 미사를 올린 사실을 알고 놀란다. 그는 죽은 나사로를 살리는 대목을 읽어달라고 부탁한다. 그녀는 불신자에게 성경을 읽어주는 것이 내키지 않아 망설이지만 두 사람 모두를 위해 천천히 조심스럽게 그 이야기를 읽는다.

소냐가 나사로의 일화를 읽고 나자 라스콜리니코프는 자신에게 그녀가 몹시 필요하다고 하면서, 두 사람은 삶을 거역했으므로 함께 같은 길을 가자고 청한다. 소냐는 그 자신을 거역했고, 그는 사람의 목숨을 빼앗았기 때문이다. 그는 그곳을 떠나기 직전 내일 다시 와서 누가 리자베타를 살해했는지 밝히겠다고 말한다.

이 장의 끝에서 독자는 스비드리가일로프가 자기 방과 소냐의 방 사이에 있는 빈방의 문 뒤에서 두 사람의 이야기를 엿듣고 있다는 사실을 알게 된다. 두 사람의 대화에 흠뻑 빠졌던 그는 라스콜리니코프가 다음날 만날 때 살인자를 밝히겠다고 약속하자 대화를 더욱 편히 듣기 위해 의자를 갖고 온다.

:풀어보기

라스콜리니코프가 소냐의 숙소를 찾아간 것은 후에 고백하기 위한 사전준비다. "고통이 구원으로 이어진다," 즉 고통을 통해 인간의 죄가 정화되거나 속죄된다는 도스토예프스키의 이론이 대두되는 것이다. 소냐에게서 '인류의 모든 고통'의 상징과 대변자를 보기 때문에 라스콜리니코프가 소냐에게 마음이 끌린다는 사실이 분명해진다. 그녀는 여위었고 연약하지만 아주 무거운 짐을 질 수 있다. 따라서 라스콜리니코프는 그녀가 얼마나 많은 짐을 질 수 있는지 알아보기 위해 추가로 시험하게 된다. 그는 그녀가 '커다란 고통'을 감당할 수 있기 때문에 카테리나의 죽음, 폴렌카의 매춘 가능성, 그녀가 처한 현재의 비참한 상황을 지적해 그녀에게 고통을 준다. 궁극적으로는 그녀가 라스콜리니코프의 고백을 감당할 수 있는지 알아보기 위해 이러한 방법을 쓰는 것이다. 그녀는 그의 고통을 떠맡아 그가 '자신의 십자가를 지도록' 도와줄 수 있을까?

문학적 장치 소설의 앞부분에서 포르피리 페트로비치가 라스콜리니코프에게 나사로를 죽음에서 살린 기적의 일화를 믿느냐고 물은 적이 있다. 그는 지금 소냐에게 같은 이야기를 읽어달라고 부탁한다. 따라서 두 명의 중요한 구원자인 포르피리와 소냐는 모두 성경의 같은 일화를 통해 연결된다. 또 한 가지 우연의 일치는, 그가 얼떨결에 살해한 리자베타가 가지고 있던 성경으로 그 일화를 읽는다는 점이다. 나사로 이야기는 구체적인 내용보다는 전반적인 윤곽과 관계가 있다. 라스콜리니코프는 나사로처럼 죄의 결과로 한 가지 형태의 죽음을 겪는다. 다시 말해, 그의 범죄는 그가 상징적으로 죽는 수준까지 그를 사회와 가족으로부터 격리시켰다. 나사로는 그리스도를 통해 죽음에서 부활해 산 사람이 되었다. 이제 라스콜리니코프는 소냐를 통해 산 사람들 사이에서 다시 자신의 자리를 찾고 싶어한다. 그러므로 이 두 이야기는 살아 있는 사람들로부터 격리되었다가 어떤 믿을 수 없는 기적을 통해 생명을 되찾은 사람들에 관한 이야기다. 라스콜리니코프도 나사로 이야기의 놀라운 측면에 마음이 끌린다. 나사로를 부활시킨 것은 그리스도가 행한 가장 위대한 기적 가운데 하나로 간주된다. 이 일화의 또다른 측면은 부활의 기적을 통해 큰 고통이 완화되는 점이다. 따라서 소냐가 라스콜리니코프를 되살릴 수 있다면 그의 고통은 완화될 것이다. 그리스도가 기적을 행하기에 앞서 나사로는 4일 동안 죽은 상태였다. 마찬가지로 라스콜리니코프가 범죄를 저지른 지 4일이 되었다.

나사로 이야기를 들은 라스콜리니코프는 소냐에게 "당신이 필요해서 찾아왔습니다"라고 말한다. 그 순간에 그녀는 무슨 말인지 알아듣지 못하지만, 그는 나중에 이성이 아닌 직관으로 이해하게 될 것이라고 주장한다. 두 사람의 '길이 함께 놓여 있고' 두 사람이 '고통을 감수하는' 동료 고행자로서 서로가 필요하다는 것을 그는 알고 있다.

그는 소냐에게서 역시 삶을 거역한 인간을 보고, "함께 우리의 길을 가자"고 부탁한다. 소냐에게 동참하자고 청할 때, 그는 범죄로 야기된 자신의 고립을 상징적으로 깨뜨린다. 또한 비범한 사람은 다른 사람들로부터 거리를 두고 홀로 서야 한다는 것을 옹호했던 이 이론의 한 측면을 부정한다. 그러면서도 여전히 마음에 앙금이 남는다. 소냐가 지나칠 정도로 '광신도'라는 점이다.

Chapter 5

 포르피리의 '고양이와 쥐 놀이'

소냐를 만난 다음날 라스콜리니코프는 두 가지 저당물에 대한 소유권을 공식적으로 주장하기 위해 경찰서 수사과에 출두한다. 그는 '누그러지지 않은 강렬한 적개심'을 품고 포르피리를 증오하며, 그것이 겉으로 드러날까봐 극도의 두려움에 휩싸인다. 그는 오랜 시간을 기다리게 되자 몹시 예민해진다.

포르피리는 매우 정중한 태도로 라스콜리니코프를 맞이한다. 사교적인 방문이라면 사람을 그렇게 오래 기다리게 해서는 안 된다는 점을 잊은 듯이 그는 두 사람의 면담이 유쾌한 사적인 만남인 양 행동한다. 라스콜리니코프는 공적이고 사무적인 면담을 하려고 노력하며, 본론에 돌입해서 공식적으로 자기를 조사하지 않을 경우 가겠다고 계속 으름장을 놓는다. 그러나 그 무엇도 포르피리가 자기 방식대로 일처리하는 것을 막지 못하는 듯하며, 모든 유형의 주제, 특히 범죄와 범죄수사 이론에 관해 이야기하려는 의지가 확고하다.

포르피리는 두서없이 이런저런 이야기를 하면서 방안을 계속 오락가락하다가 수차례 문 앞에 서서 누군가가 아직 문 뒤에 있는지 알아보려는 듯이 귀를 기울인다. 그 모습에 라스콜리니코프는 더욱 신경이 곤두선다. 엉뚱한 내용과 장황한 잡담으로 이어지는 면담이 장시간 계속되자 마침내 라스콜리니코프는 인내심을 잃는다. 그는 포르피리가 벌이고 있는 유형의 '고양이와 쥐 놀이'를 알고 있다고 말하면서, 자신이 '그 노파와 여동생 리자베타'의 살인용의자로 생각된다면 즉각 체포하거나 그게 아니면 나가게 해달라고 요구한다. "당신이 나를 기소하거나 체포할 법적 권리를 갖고 있다는 것을 알게 되면 그렇게 하십시오. 하지만 나를 면전에서 비웃고 괴롭히는 것은 용납하지 않겠습니다."

포르피리는 라스콜리니코프를 붙잡아두기 위해 그에 관한 여러 가지 수상쩍은 사실을 알고 있다고 말한다. 즉 라스콜리니코프가 범죄현장에 나타나 초인종을 울리고 핏자국을 보여달라고 요청한 사실이다. 포르피리는 또한 자신의 수사기법을 설명하면서, 언제라도 범인을 체포할 수 있지만 용의자가 자신의 범죄에 대해 생각할 시간을 갖도록 하는 편을 선호한다고 말한다. 이번 경우, 포르피리는 라스콜리니코프가 좋아서 친구처럼 돕고 싶다고 하지만 그가 거부하자 옆방의 문 뒤에 의외의 작은 증거가 있다고 일러준다. 라스콜리니코프가 문을 열기 전 예기치 않은 이상한 일이 벌어진다.

앞서 포르피리의 수사기법을 '고양이와 쥐 놀이'라고 불렀다. 이 기법은 이제 독자와 라스콜리니코프 양쪽 모두에게 분명해진다. 먼저, 라스콜리니코프는 불필요하게 오랜 시간을 기다리게 된다. 그러고 나서 끊임없이 이어지는 잡담을 듣는다. 다음에는 옆방에 어떤 은밀한 증거가 숨겨져 있다는 암시를 듣게 된다. 이 모든 경우에서 포르피리는 주도권을 행사하고, 라스콜리니코프는 그의 처분에 맡겨진다.

앞서 소냐의 고통을 통해 자신을 구하게 된 라스콜리니코프가 지적(知的)으로 그를 구원하기 위해 노력하는 포르피리에게 가는 것을 보여준다. 이 두 번째 구원은, 라스콜리니코프의 존재가 자기 이론의 정당성에 기초를 두고 있기에 더욱 어렵다.

포르피리는 많은 사실을 알고 있는 것으로 추정되며, 언제든 라스콜리니코프를 체포할 수 있지만 '진심으로 그를 좋아하기 때문에' 그렇게 하지 않는다. 그리고 지금 라스콜리니코프를 체포하면 그가 자기 이론의 오류를 결코 깨닫지 못하리란 점도 체포하지 않는 이유의 하나다. 종교적으로 죄의 고백은 구원의 시작이며, 라스콜리니코프는 자진해서 고백하도록 내버려두어야만 한다.

Chapter 6

:줄거리 살인범을 자처하다

6장의 이야기는 다음과 같이 시작된다. "그 후… 라스콜리니코프는 그 일을 이렇게 기억했다." 예상치 못한 소음이 들려오고 몇 명의 부하 직원들이 당도한다. 포르피리는 자신의 계획이 방해받자 매우 언짢아한다. 그러나 범죄현장에 있었고 살인 혐의를 받고 있는 페인트공 니콜라이가 끌려 들어와 노파와 리자베타를 살해했다고 자백했다. 이 자백은 이런 사태를 예상치 못했던 포르피리와 라스콜리니코프 두 사람에게 충격적인 소식이다. 너무 당황해 어쩔 줄 모르는 포르피리는 그 자백을 믿으려 하지 않으면서도 재빨리 정신을 차려 라스콜리니코프를 내보내며 다시 만나게 될 것이라고 말한다.

경찰서를 나와 집으로 가다가 라스콜리니코프는 낯선 남자와 마주친다. 과거에 수수께끼처럼 나타나 그를 살인자라고 불렀던 그 남자는 포르피리의 방 벽장에 숨어 있었다고 밝힌다. 그는 라스콜리니코프를 살인자라고 부르며 소란을 피운 것에 대해 사과한다. 니콜라이의 자백과 낯선 남자의 사과로 라스콜리니코프는 생존을 위한 새로운 노력을 하기로 결심한다.

　　6장은 이 소설에서 가장 분량이 적은 장이다. 이 장은 포르피리의 사무실에서 벌어진 일들에 대한 라스콜리니코프의 목격담이다. 포르피리가 나중에 알게 되듯이 니콜라이는 다른 사람들의 죄를 대신해 받는 고통의 중요성을 강조하는 특이한 종교 집단에 속해 있다. 고통받기를 원하는 니콜라이의 바람이, 이미 라스콜리니코프가 권고 받은 것과 똑같다는 사실은 역설적이다.

　　수수께끼의 남자가 찾아와 그를 범인으로 잘못 지목한 실수를 사과한 후 라스콜리니코프는 '삶을 위해 싸우기로' 결심한다. 이는 살기 위해 그리고 자기 범죄의 어리석음을 극복하려는 결의다.

제 5 부

Chapter 1

 함정을 파는 루진

다음날 아침 루진은 자기 방에서 아직도 불운한 파혼을 생각하고 있다. 자칭 진보사상가인 룸메이트 레베자트니코프가 루진의 생각을 방해한다. 두 사람은 현재 러시아의 중요한 사상들에 관해 토론중이다.

두 사람의 이야기는 결국 소냐에게로 방향을 바꾼다. 루진은 소냐를 만나고 싶어한다. 루진은 소냐를 만나는 동안 룸메이트에게 함께 있자고 고집한다. 루진은 소냐에게 가족의 재정 상태와 카테리나의 건강 상태를 묻는다. 한편 카테리나는 루진이 자기를 위해 연금을 마련해 주려 한다고 사람들에게 이야기한다. 루진은 자신에게는 그런 영향력이 없다고 분명히 밝히지만 미망인이 된 카테리나를 위해 어떤 형태의 기금을 만들기 위해 노력하고 싶다고 소냐에게 말한다. 그는 자신의 선의를 과시하기 위해 소냐에게 10루블권 지폐를 준다.

　　1장의 대부분은 본론에서 벗어나 당시의 중요한 진보 사상 가운데 일부를 검토할 기회를 갖게 된다. 그 사상들은 라스콜리니코프 같은 사람들과 더불어 수준은 훨씬 낮지만 레베자트니코프처럼 단순한 사람들에게도 영향을 미치고 있었다. 도스토예프스키는 후자를 우스꽝스러운 시골뜨기 진보파 자유주의자라고 묘사한다. 기본적으로 이런 토의는, 새로운 사상에 지나치게 영향을 받은 과격 청년들에 대한 도스토예프스키의 극단적인 혐오와 불신을 보여준다. 레베자트니코프의 어리석음은 '진보 사상'을 과도하게 신봉하는 사람들 모두가 범하는 우(愚)로 볼 수 있다.

　　소설의 줄거리와 관련해서 이 장은 소냐를 함정에 빠뜨리려는 루진의 시도를 위해 알맞은 장치를 준비하는 데 그친다.

Chapter 2

 줄거리 난장판이 된 장례 만찬장

카테리나 이바노브나의 집에서 장례식 위로연이 막 시작되었다. 카테리나는 '다른 사람들처럼 하기 위해' 장례 만찬을 열었다. 만찬은 카테리나의 경제력을 크게 초과하지만 모든 사람들, 심지어 자신이 아주 싫어하는 집주인 아말리아 표도로브나까지 초대하겠다고 고집을 부렸다. 과거에 그녀를 구타한 적이 있는 레베자트니코프와 그녀가 알지도 못하는 루진도 초청자 명단에 있다.

카테리나는 많은 사람들 특히 상류사회 출신의 영향력 있는 세입자들이 초대를 거절한 것을 알고는 집주인 탓으로 돌리면서 오만하고 경멸적으로 대한다. 불안하고 두려운 소냐는 말이 없다. 라스콜리니코프 역시 아무 말도 하지 않는다. 만찬이 진행되는 동안 카테리나는 집주인이 자기 인생의 모든 불운에 책임이라도 있는 듯이 공공연히 비판하고 적대적인 행동을 한다. 마침내 큰 소동이 벌어지고 루진이 나타나 몸싸움을 막는다.

풀어보기

이 장에서 카테리나가 보인 행동은 장차 거리로 쫓겨나죽게 되리란 것을 예고한다. 그녀는 자제력이 없고, 각혈을 한다. 그리고 집주인에게 노골적인 편견을 드러내는 등 비이성적이다. 집주인은 말할 때 심한 독일식 어법을 쓰는 독일계 혈통의 사람이다. 카테리나가 집주인을 끔찍이도 싫어하는 것은, 러시아에 정착했으면서도 러시아어를 배우는 경우가 매우 드문 독일 노동자 계층 사람들과 토착 러시아인들 사이에 오래 전부터 지속되어 온 갈등에서 연유한다.

라스콜리니코프는 파티에 참석했지만 그의 존재는 눈에 띄지 않는다. 즉 평범한 방문객의 한 사람에 불과하다. 루진이 고약하고 민망스럽게 소냐를 협박하는 장면이 나오는 다음 장에서 라스콜리니코프의 역할이 중요해진다.

Chapter 3

 소녀에게 누명을 씌우다

카테리나는 루진을 보자 자신의 구세주가 된 듯이 흥분한다. 그러나 루진이 카테리나의 아버지를 아는 바가 전혀 없다고 밝히고, 멸시하는 듯이 거리를 두며 피하려 드는 것을 보고 놀라서 말문이 막힌다.

이어서 루진이 방문 목적을 밝힌다. 소냐를 만나러 왔다는 것이다. 그 직후 방 뒤쪽에 레베자트니코프가 나타나 조용히 서 있다. 루진은 증권의 일부를 현금으로 바꾼 사실과 그를 만나러 왔던 소냐가 방을 나간 후 100루블권 지폐가 한 장 없어졌다고 소냐에게 큰소리로 말한다. 방금 돈을 세어보고 잃어버린 것을 알았다고 한다. 그는 소냐가 배은망덕한 사람이라고 비난하고 가져간 돈을 돌려달라고 요구한다. 소냐는 그런 비난을 부인하고, 카테리나는 즉각 의붓딸의 역성을 들고 나선다. 루진은 경찰을 부르겠다고 위협하면서, 지폐를 돌려주면 모든 것을 덮어두겠다고 말한다. 카테리나는 몹시 분개하여 누가 소냐의 몸을 뒤져보라고 고함을 지른다. 카테리나가 미친 듯이 소냐의 주머니를 뒤집기 시작할 때 한 주머니에서 100루블권 지폐가 떨어진다. 소냐는 그런 짓을 하지 않았다고 부인하고, 집주인은 소냐의 가족에게 집에서 나가라고 명령한다.

레베자트니코프가 앞으로 나와 루진이 비열하고 사악한 사람이라고 비난한다. 그는 소냐가 루진의 방에 있을 때 루진이 소냐의 주머니에 100루블권 지폐를 몰래 집어넣은 다음 소냐에게 10루블짜리 지폐를 주는 것을 보고 놀랐다는 말을 한다. 루진이 자기가 왜 그런 말도 안 되는 짓을 하겠느냐고 하자 레베자트니코프는 설명하기가 어렵다. 그 순간 라스콜리니코프가 나서서 자기 여동생에게 파혼당한 루진이 소냐를 끌어들여 자신을 가족으로부터 소외시키려고 애쓴 전말을 설명한다. 루진이 재빨리 방을 나가자 누군가가 그에게 유리잔을 던진다. 빗나간 유리잔이 집주인에게 맞는다. 여주인은 카테리나에게 집에서 나가라고 다시 한 번 명령한다. 더 이상 견딜 수 없어 신경발작을 일으킨 소냐는 서둘러 숙소로 돌아간다. 라스콜리니코프는 이제 그녀가 그 곤경에 대해 무슨 말을 할까, 궁금해 하며 뒤를 따른다.

소냐에게 도둑 누명을 씌우려는 치밀한 준비는 자포자기한 루진의 비열하고 비도덕적인 모습을 보여준다. 이러한 루진의 시도는 라스콜리니코프를 헐뜯는 데 목적이 있다. 다시 말해 라스콜리니코프와 소냐의 관계에 대한 자신의 판단이 옳았다는 것을 두냐에게 증명하고 싶었던 것이다. 이 장면은 두냐와 루진의 결혼을 강력히 반대한 라스콜리니코프가 옳았다는 것을 다시 한 번 입증한다.

카테리나의 히스테리와 집주인 여자의 분노, 전반적인 환멸스런 분위기에서 벗어나기 위해 숙소로 향하는 소냐는 라스콜리니코프가 뒤따라올 것을 직감한다. 소냐의 행동을 지켜본 라스콜리니코프가 "인내심을 갖고 침착하게… 그녀는 모든 것을 감당할 능력이 있다"고 결론짓는 것에 독자들은 주목해야 한다.

Chapter 4

 살인을 고백하다

소냐를 만나러 가면서 라스콜리니코프는 소냐에게 리자베타의 살인범을 밝히는 것이 절대적으로 필요한지 의문을 느낀다. 라스콜리니코프를 만날 때까지 소냐는 내내 그를 기다리고 있었다. 그녀는 "세상에는 비참한 일이 너무나 많아요"라고 말하며 어제처럼 말하지 말라고 간청한다. 그러나 라스콜리니코프는 그 청을 무시하고 곧장 어제 이야기했던 것들을 상기시킨다.

라스콜리니코프는 그녀의 청을 무시하고 가상의 질문을 한다. 즉 루진과 카테리나 가운데 살 가치가 있는 사람이 누구인지 묻는다. 루진은 살아남아 사악하고 가증스러운 범죄를 계속 저지르고, 소냐 같은 사람이 감옥에 들어가게 되어 카테리나와 아이들의 죽음을 초래하도록 해야 하는가? 아니면 카테리나 이바노브나가 계속 살아야 할 것인가? "당신은 어떤 결정을 내리겠습니까? 두 사람 중 누가 죽어야 합니까?" 소냐는 "나는 하느님의 뜻을 몰라요. 해답이 없는 그런 질문을 왜 하시는 거죠? 내가 뭔데 누굴 살리고 누굴 죽일 것인지 판단할 수 있겠어요?" 라스콜리니코프가 이런 어려운 질문을 계속 던지자 소냐는 그가 고통받고 있음을 깨닫고 무엇 때문에 고민하느냐고 묻는다.

라스콜리니코프는 누가 리자베타를 죽였는지 오늘 밝히겠다고 약속한 사실을 떠올린다. 소냐에게 우선 짐작부터 해보라고 한 다음, "나를 똑

바로 쳐다봐요"라고 말한다. 이 무서운 정보가 마침내 소냐에게 전해지자 그녀의 모든 고통은 갑자기 커진다. 라스콜리니코프에게서 한 발 물러선 그녀는 금세 안정을 되찾고 그의 앞에 무릎을 꿇고 말한다. "무슨 짓을 한 거예요? 자신에게 무슨 짓을 했나요? 이 세상에서 당신보다 더 불행한 사람은 없군요."

갑자기 따스한 기분이 밀려들면서 마음이 가라앉은 라스콜리니코프는 "나를 버리지 말아요"라고 부탁한다. "결코 버리지 않을 거예요… 어디든 따라갈 겁니다… 감옥까지라도 쫓아갈 거예요." 감옥이나 시베리아라는 말에 움찔한 라스콜리니코프는 다시 오만한 태도를 취한다.

어떻게 그런 일을 저지를 생각을 했느냐고 소냐가 묻는다. 라스콜리니코프는 자신의 가난에서부터 초인 이론까지 설명하지만 그가 제시하는 이론 하나하나를 거부당하면서 자신의 범죄를 이해시키지 못하게 된다. 라스콜리니코프는 소냐에게 돌아서서 "이제 내가 해야 할 일을 말해 줘요"라고 간청한다. "지금 당장 네거리로 달려가서 엎드려 당신이 더럽힌(신성을 모독한) 땅에 먼저 입 맞추고, 온 세상 사람들을 향해 '나는 살인자입니다'라고 외치세요."

라스콜리니코프가 그 제안에 이의를 제기하자 그녀가 다시 말한다. "고통을 받아들이고 고통을 통해 속죄하세요." 라스콜리니코프는 여전히 머뭇거리면서 소냐에게 감옥으로 찾아올 것인지 묻는다. 그녀는 그러마고 다짐하며 리자베타의 삼나무 십자가를 건넨다. 십자가를 받으려고 손을 뻗던 그는 나중에 받는 것이 더 좋겠다고 결심하고 소냐는 동의한다. "당신이 고통을 받아들일 때 십자가를 걸도록 하세요."

이 중요한 순간, 레베자트니코프가 방 안으로 뛰어든다.

'고통받는다'는 개념이 이 시점에서 가장 중요하다. 소냐의 고통이 충분하지 않았다는 듯이 라스콜리니코프는 의도적으로 그것을 가중시킨다. 처음에는 카테리나와 동생들이 이제 거리에 나앉게 된 사실을 지적하여 고통을 준다. 이어 그녀가 겪는 고통의 깊이를 본 다음 자신의 고백에 대비하도록 만든다.

자신의 고백에 대한 준비 혹은 더 나아가 자신의 죄와 죄책감을 누그러뜨리기 위한 방편으로 그는 루진과 카테리나 둘 중 누굴 살릴 것인가 하는 가상의 질문을 던진다. 소냐가 이런 질문에 답변을 거부하는 근거는 그녀가 신의 섭리에 의존한다는 사실이다. "하느님의 뜻을 제가 어떻게 알 수 있겠어요?" 따라서 그녀는 그런 생각을 받아들이려 하지 않는다.

라스콜리니코프는 자백에 관한 생각과 시도를 여러 차례 한 다음(적어도 열 번), 거의 공개적으로 자백할 뻔했으나 아직은 말로 표현할 수가 없다. 단지 암시를 주고 나서 "잘 보세요"라고 말할 뿐이다. 이번 장 전체를 통해 소냐는 라스콜리니코프가 엄청난 고통을 받고 있으며 그의 고통이 자신의 고통을 더 크게 만든다는 생각이 든다. 그녀는 그런 고통이 속죄와 구원의 길임을 깨닫는다.

그가 고백하고 나자 소냐는 그를 따라 시베리아에 가
겠다고 약속한다. 이것은 단순한 헛된 약속이 아니라
라스콜리니코프가 겪는 고통의 일부를 떠맡는 것이다. 소냐가
시베리아를 언급하자마자 라스콜리니코프는 살인 행위를 다
시 설명하며 정당화하려다가 즉시 번복한다. 앞서 지적한 바
와 같이 그는 자신의 이론이 완전히 형성되기 전에, 주변 상황
에 떠밀려 어쩔 수 없이 살인을 저질렀고, 그것을 해명하려는
과정에서 보니 참으로 불완전했다는 것을 깨닫게 된다. 그가
한 가지 이유를 제시하고는 곧바로 "아냐, 아냐. 그건 아니었
어"란 말로 거부하는 모습 속에서 그런 인식이 엿보인다.

살인 동기들 가운데에는 다음과 같은 사항이 포함된다.
그 살인은 단순 약탈이었다. 그는 나폴레옹 같은 사람이 되기
를 원했고, 어머니에게 부담을 주지 않고 대학교에 계속 다니
기 위해 돈이 필요했으며, 단지 기생충을 죽였을 뿐이었다. 또
한 자만심이 강하고 제정신이 아니었으며, 자신이 살인할 용
기가 있는지 알아보고 싶었다.

소냐가 라스콜리니코프에게 한 조언은 '지금 당장 네거
리로 달려가서' 고백하라는 것이다. 고통을 받으면서 속죄하
라는 의미를 담고 있다. 라스콜리니코프는 웃음거리가 되는
것이 두려워 그 조언을 거부한다. 소냐는 또한 그가 나무 십자
가를 걸기를 원하지만 그는 자신의 죄를 완전히 인정할 준비
가 되지 않았기 때문에 그것을 거부하고 나중으로 미룬다.

Chapter 5

 노숙자가 된 마르멜라도프 가족

　레베차트니코프는, 카테리나가 아파트에서 쫓겨난 다음 미쳐서 괴상한 옷을 입힌 아이들을 데리고 거리를 떠돌아다닌다는 소식을 가지고 왔다. 그녀는 아이들에게 노래를 시키고 낯선 사람들에게 구걸을 강요한다. 그녀의 말은 의미가 모호하고 행동은 이해하기 어렵다. 소냐는 카테리나

에게 달려간다. 갑자기 소냐가 싫어진 라스콜리니코프는 자신이 왜 그녀를 만나러 왔는지 자문한다.

자기 방으로 돌아온 라스콜리니코프는 두냐가 기다리고 있는 것을 발견한다. 그녀는, 라스콜리니코프가 잘못된 혐의 때문에 경찰에 시달리고 있는 사정을 라주미킨이 말해 줘서 오빠의 상황을 잘 알고 있다고 말한다. 이어 오빠에게 완전한 충심과 사랑을 다짐한 그녀는 그가 필요로 할 때면 언제든지 오겠다고 말한다. 라스콜리니코프는 두냐에게 진실을 밝히고 싶은 마음이 간절하지만 그렇게 하지 못한다.

라스콜리니코프가 정처 없이 시내를 방황하다가 우연히 카테리나와 마주친다. 카테리나 주위에 모여든 군중은 그녀의 미친 광대짓을 구경하며 비웃는다. 그녀는 아이들에게 구걸을 시키고, 낯선 사람들과 말다툼을 벌이고, 낯선 집으로 쳐들어가려 한다. 이어 그녀는 이 거리 저 거리를 뛰어다니다 발에 걸려 넘어져 다친다. 그녀는 부근에 있는 소냐의 방으로 옮겨진다. 카테리나가 죽어가는 동안 소냐는 의사를 부르러 보낸다. 카테리나는 의사가 필요 없다고 고집을 부린다. 옆방에 살고 있는 스비드리가일로프가 들어와 모든 장례 준비를 맡겠다고 나선다. 그는, 두냐에게 주려던 돈은 아이들을 돌보는 데 사용할 것이며 소냐에게도 거액을 주겠다고 라스콜리니코프에게 말한다.

그는 라스콜리니코프가 소냐에게 고백할 때 사용했던 문구와 용어를 정확히 되풀이함으로써 두 사람의 대화를 전부 엿들었음을 라스콜리니코프에게 암시하고, "우리가 다시 만날 것이라고 말한 적이 있었죠? 예고했잖아요"라고 말하며 지난 일을 상기시킨다.

**인물
탐색** 　라스콜리니코프는 소냐에게 마음이 끌려 고백까지 하
지만 갑자기 그녀를 싫어하게 되는데, 그의 이중성격이
나타나는 또 하나의 좋은 예가 된다. 소냐를 싫어하게 된 부분
적인 이유는 고통에 대한 그녀의 생각, 더 나아가 그가 감옥에
가야 한다는 생각이 싫었기 때문이다.

　그는 소냐에게 고백한 뒤 누이동생에게도 범행을 고백
하고 싶어한다. 살인을 저지른 이후 고백이란 생각이 항상 라
스콜리니코프를 따라다닌다.

　카테리나의 죽음으로 인해 소냐는 아이들을 돌볼 책임
이 생긴다. 라스콜리니코프가 말했던 상황이 현실로 나타난
것이다. 스비드리가일로프의 재정적 도움으로 자유로워진 소
냐는 라스콜리니코프를 따라 시베리아에 갈 수 있게 된다.

제 6 부

Chapter 1

 라주미킨에게 가족을 부탁하다

이때는 라스콜리니코프에게는 매우 기이한 시기였다. 카테리나 이바노브나는 세상을 떠났다. 두냐가 그를 찾아왔다. 그와 소냐의 대화를 엿들은 스비드리가일로프는 그 누구보다도 그를 걱정해 준다. 라주미킨이 찾아와 라스콜리니코프에게 가족을 외면하는 악한이라고 비난한다. 그는, 어머니가 아들이 아픈 줄 알고 만나러 왔다가 아들이 당신을 잊은 것으로 판단했다고 라스콜리니코프에게 알려준다.

라스콜리니코프가 라주미킨에게 두냐가 다녀간 얘기를 하면서 두냐와 어머니를 돌봐달라는 말을 할 때까지 라주미킨은 라스콜리니코프가 넌더리난다. "내게 무슨 일이 일어나든, 내가 어디를 가든 네가 그들을 곁에서 지켜다오. 너를 믿고 그들을 맡길게." 라주미킨은 두냐가 이상한 편지를 한 통 받고 크게 화를 냈다고 말한다. 라주미킨은 떠나기 직전에 포르피리가 매우 복잡한 심리학 용어를 써가며 페인트공이 자백한 경위를 설명했다고 알려준다. 라스콜리니코프는 '고양이와 쥐 놀이'를 다시 하는 것이 아닌가, 생각한다. 그때 포르피리가 방문을 두드린다.

**주제
탐색** 여기서 신선한 공기라는 모티프가 다시 등장한다. 라스
콜리니코프가 앓는 병의 원인 가운데 하나로 추정되는
요소가 신선한 공기의 부족이다.

라주미킨의 등장으로 라스콜리니코프는 가족을 돌보는
의무에서 벗어나 일련의 행동을 취할 수 있는 자유를 얻게 된
다. 마르파 페트로브나가 두냐에게 남긴 돈이 그들을 자유롭
게 해줄 것이다. 스비드리가일로프가 아이들에게 제공하는 돈
과 소냐에게 주려는 돈은 소냐 역시 동생들에게서 벗어나 라
스콜리니코프를 따라갈 수 있게 만든다.

두냐가 받은 편지는 나중에 스비드리가일로프에게서
왔다는 사실이 밝혀진다. 스비드리가일로프의 생각으로는 라
스콜리니코프가 곧 포르피리와 대면하게 된다. 앞서 포르피리
와 몇 차례 만났을 때는 라스콜리니코프가 겁에 질려 두려워
했지만 '이제는 포르피리를 별로 두려워하지 않는다'. 여기서
의 요점은 라스콜리니코프가 소냐에게 고백함으로써 다시 인
간사회와 접촉을 시작했고 '고양이와 쥐 놀이'의 함정을 더 이
상 두려워하지 않게 되었다는 것이다.

Chapter 2

 포르피리의 결론

　　포르피리는 빠른 어조로 독을 섞은 담배 이야기를 시작하고, 라스콜리니코프는 그가 '고양이와 쥐 놀이'를 되풀이하려는 것인지 궁금해 한다. 이어서 포르피리는 어쩌면 자신이 부당하게 행동했을지 모른다면서 '정말 이상한 광경이었다'며 지난 면담에 대해 사과함으로써 라스콜리니코프의 의표를 찌른다. 포르피리는 진심으로 라스콜리니코프의 인간미에 반했으며, 그를 '위대한 인간의 자질과 영혼을 지닌 명예로운 사람'으로 믿고 있다는 것을 납득시키고 싶다고 말한다.

　　포르피리는 라스콜리니코프를 살인자로 생각하도록 만든 여러 가지 정황, 즉 저당물, 범죄이론, 병, 범죄현장 재방문 등에 관해 설명하고 싶어하고, 이어서 페인트공 니콜라이가 자백한 이유를 설명한다. 그 페인트공은 인간이 고통을 받아야 한다고 생각하며, 국가기관에서 받는 고통이 가장 좋은 형태라고 믿는다. 무엇보다도 그는 '단지 고통받는 것이 필요한' 오래된 종교 집단에 속해 있다. 이야기 말미에서 포르피리는 니콜라이가 살인을 저지르지 못하는 까닭을 제시한다. 살인을 둘러싼 일련의 상황을 설명한 그는 "로디온 로마노비치 라스콜리니코프, 당신이 살인자입니다"라고 단언하고는 그가 자수해 공개적으로 자백하기를 원하기 때문에 며칠 동안 체포하지 않겠다고 말한다. 범인을 체포하는 게 '내 관심사는 아닙니다'.

이어 포르피리는 라스콜리니코프를 좋아하는 이유를 말하고, 인생을 사랑하는 법을 배우고 형기의 경감 가능성을 우습게 보지 말라고 조언한다. 더불어 '고통은 가장 위대한 것이기 때문에' 고통을 받으라고 하면서, 라스콜리니코프의 도주에 대해서는 걱정하지 않으므로 자백할 때까지 자유를 허용해도 안전하다고 말한다.

포르피리의 정황 설명과 체포 유보는 그가 진심으로 라스콜리니코프를 좋아하고 있다는 사실을 보여준다. 그러나 더욱 중요한 것은 라스콜리니코프의 위대함도 믿는다는 점이다. 이번 장에서 포르피리의 진정한 의도와 사명이 분명히 드러난다. 첫째, 포르피리는 도스토예프스키처럼 슬라브인은 일종의 '선민'이라고 믿는 헌신적인 슬라브주의자란 점을 알아야 한다. 다시 말해, 포르피리는 러시아의 위대함을 굳게 믿는다. 따라서 러시아의 장래 지도자가 될 가능성이 있고 여러 방식으로 러시아의 위대함에 기여할 능력을 지녔다고 생각되는 사람들을 끊임없이 찾아서 도와준다. 포르피리는 라스콜리니코프를 고매한 인격을 가진 인간으로 간주하고, 과격한 이념들을 극복하면 국가에 크게 이바지할 수 있는 청년 지식인 가운데 한 사람이 될 것으로 보는 것이다. 그는 라스콜리니코프에게 그 이론이 틀렸다는 것을 인정하도록 강요하며, 고백으로부터 한 걸음 더 나아가 인생과 맞서 러시아의 가장 위대한 지성인들 가운데 한 사람이 되라고 요구한다. 포르피리가 그 즉시 라스콜리니코프를 체포하면 자아 인식을 통한 그의 지적 구원을 망치게 된다. 그러나 라스콜리니코프에게 스스로 자백하도록 충분한 시간을 줄 경우, 그는 자력으로 위대함을 성취할 수 있게 된다. 따라서 단순 처벌이 목적이 아니라면 체포는 득이 되지 않는다. 포르피리는 라스콜리니코프의 구원과 위대함의 성취를 바라고 있다.

앞서 소냐는 십자가를 들고 고통을 받으라는 조언으로써 라스콜리니코프를 구원하려고 애쓴 바 있다. 포르피리 또한 속죄의 수단으로써 고통의 중요성을 강조한다. "로디온 로마노비치, 고통은 위대한 것이기 때문입니다."

Chapter 3

 갈등하는 라스콜리니코프

포르피리의 단언 이후 라스콜리니코프는 서둘러 스비드리가일로프의 숙소로 간다. 그는 스비드리가일로프가 자신에게 어떤 영향력을 발휘한다고 느끼는데, 왜 그런 느낌이 드는지 알 수 없다. 동시에 그는 소냐에게 반감을 느끼고, 자기 나름의 길을 가든지 아니면 그녀의 길을 따라야 한다고 생각한다.

그는 스비드리가일로프의 방을 향해 걸어가며 그가 포르피리와 이야기를 나눴는지 궁금해 하다가 그렇지 않았을 것이라고 판단한다. 그는 레스토랑에서 예기치 않게 스비드리가일로프를 발견한다. 그는 눈에 띄지 않기를 바라거나 피하려고 애쓰는 듯 보이지만 결국 라스콜리니코프를 불러 합석하자고 청한다.

라스콜리니코프는 그에게 두냐를 만나려는 모든 시도를 중단하라고 즉시 경고하고, 또 다시 그러면 죽이겠다고 위협한다. 그는 라스콜리니코프와의 교류를 통해 새로운 개념들과 인생을 즐기는 새로운 방식을 배우는 데만 관심이 있는 척한다. 라스콜리니코프는 갑자기 그의 방탕함과 육욕에 관한 이야기에 압박감을 느껴 자리를 떠나려 한다.

인물 탐색 라스콜리니코프는 소냐에게 고백한 직후 스비드리가일로프의 성향을 잠시 잊은 채 마음이 끌린다. 라스콜리니코프를 처음 만난 이후 스비드리가일로프는 두 사람에게 뭔가 공통점이 있다고 주장하곤 했다. 이러한 생각 때문에 라스콜리니코프는 소냐에 관해 생각하기를 꺼리게 된다. "그는 소냐가 두려웠다… 그는 자신의 길을 가거나 아니면 그녀의 길을 따라야 한다." 그러면서도 그는 자신과 스비드리가일로프의 '악행이 같은 종류일 수 없다'고 확신한다.

Chapter 4

 어느 타락한 인간의 고백

라스콜리니코프를 좀더 머물도록 설득한 스비드리가일로프는 아내 마르파가 자기를 채무자 감옥에서 구해낸 과정을 설명한다. 남편이 외도에 능하다는 사실을 알고 있던 그의 아내는 그에게 구두계약을 강요했고, 그 계약에 따라 그는 아내에게 '다양한 곁눈질'을 알려야 할 의무를 지게 되었다. 그는 두냐에게 질책을 받을 때까지 종종 하녀들과 바람을 피웠고, 두냐가 그를 안쓰럽게 생각하자 두냐와의 관계가 가능하리란 낌새를 느꼈다. 왜냐하면 두냐는 순교자가 되기를 좋아하는 유형의 여자였기 때문이다. 라스콜리니코프는 그가 어느 정숙한 아내를 유혹했던 이야기를 늘어놓자 점점 더 역겨워진다. 특히 어떻게 하면 '두냐의 눈빛이 불처럼 빛나게' 할 수 있는지 이야기할 때 더욱 그렇다. 스비드리가일로프가 종종 무릎에 앉히고 희롱하는 열다섯 살짜리 약혼녀에 관해 상세하고 은밀한 이야기를 모두 마치고, 방탕한 생활 속에서 '나의 하수구가 더러운 것'을 좋아한다고 고백할 때 라스콜리니코프의 혐오감은 극에 달한다. 그는 이 '타락하고 추잡하며 비열한 호색한'에게서 벗어난다.

스비드리가일로프는 유혹 술법에 관한 한 정상급 기술자이며, 상세한 묘사로 라스콜리니코프를 소름끼치게 만든다. 19세기 후반 유럽에서는 사람들이 극도의 자제력을 발휘해 고상하게 행동하던 시기가 있었다는 사실을 오늘날의 독자는 염두에 두어야 한다. 스비드리가일로프처럼 떠벌이는 것은 당시에는 끔찍하고 충격적인 행동이었다. 더군다나 오빠 앞에서 동생과의 성적인 부분을 언급하는 것은 말로 표현할 수 없는 품위손상이다. 스비드리가일로프가 이처럼 생생하게 이야기하는 모습은 그의 유난스러운 속물근성을 보여준다. 그러나 살인자가 어찌 호색한을 탓할 수 있겠는가?

라스콜리니코프는 왜 스비드리가일로프에게 끌리는지 알 수 없지만, 마침내 그가 혐오하는 원인이자 그와 자신을 구분시키는 요소가 무엇인지 깨닫게 된다. 바로 스비드리가일로프의 육욕이다.

Chapter 5

:줄거리 유인, 유혹 그리고 협박

라스콜리니코프는 스비드리가일로프가 여전히 누이동생에게 음흉한 마음을 품고 있는 것 같아 그를 따라가기로 결심한다. 스비드리가일로프는 두냐와 만나기로 한 시간이 지나가려 하자 몹시 싫어하는 기색을 보이며 짜증스러워한다. 스비드리가일로프는 살인이라는 주제를 거론하며, 라스콜리니코프가 늙은 기생충을 살해한 것은 옳다고 생각하며 문 뒤에서 남의 대화를 엿듣는 것에 반대하는 낭만주의자라고 신랄하게 비웃는다. 라스콜리니코프는 마침내 스비드리가일로프와 함께 있는 것에 염증을 느끼고 그 자리를 떠난다.

그때 라스콜리니코프는 두냐를 지나치지만 보지는 못한다. 두냐는 자기를 기다리는 스비드리가일로프를 보고 서둘러 그에게 간다. 스비드리가일로프는 라스콜리니코프가 했던 이상한 행동을 넌지시 이야기하고, 소냐를 비롯한 모든 이웃들이 참석할 것이라고 안심시켜 두냐를 자기 방으로 유인한다.

그는 방에서 두냐에게 라스콜리니코프의 고백에 관해 이야기한다. 그는, 라스콜리니코프가 자신의 몇 가지 이론을 뒷받침하기 위해 범죄를 저지른 경위를 설명한다. 그녀는 라스콜리니코프가 발표한 범죄와 범인에 관한 평론을 유심히 읽었기 때문에 스비드리가일로프가 설명하는 내용을 믿을 수 있다. 뒤이어 스비드리가일로프는 라스콜리니코프가 '여전히 위대한 사람일 가능성이 있기' 때문에 어쩌면 아메리카와 같은 먼 곳으로 가는 표를 구해야 한다는 의견을 낸다. 오빠의 죄를 납득시킨 스비드리가 일로프는 두냐가 자기를 따름으로써 오빠를 구할 수 있는 유일한 사람이라고 말한다.

두냐는 재빨리 문으로 가지만 잠긴 것을 알게 된다. 스비드리가일로프는 소냐를 포함한 다른 세입자들이 모두 외출했고 밤이 늦어야 돌아올 것이라고 말한다. 그는 그녀를 완력으로 제압할 수 있지만 자진해서 자기에게 따르라고 요구한다. 그녀는 오빠를 고발하지 않고는 당국에 스비드리가일로프의 비행을 고소할 수 없다.

이때 두냐가 권총을 한 자루 꺼내고, 스비드리가일로프는 그것이 자기 것임을 알아본다. 오래 전 그녀가 가정교사로 일할 때 보관해 두었던 것이었다. 스비드리가일로프는 두냐에게 위압적으로 접근하기 시작한다.

그녀가 방아쇠를 당기지만 빗나가고, 또 한 차례 쏘자 총탄이 그의 머리를 스쳐 지나간다. 스비드리가일로프는 두냐에게 돌진하지 않고 권총을 재장전하도록 충분한 시간을 준다. 그는 두냐가 자기를 죽이기를 바란다. 그녀가 권총을 재장전하자 그는 다시 세 걸음 거리까지 접근하고는 이제는 빗맞히지 못할 것이라고 말한다. 그러나 두냐가 총을 쏘지 못하고 떨어뜨리자 그는 이것을 좋은 징조라고 생각한다. 그는 그녀를 껴안고 자기를 사랑할 수 있느냐고 묻는다. '결코 사랑할 수 없다'는 대답을 들은 그는 열쇠를 내밀며 어서 가라고 재촉한다. 스비드리가일로프는 몇 분 더 기다렸다가 모자를 집어 들고 방을 나간다.

: 풀어보기

  5장의 시작에서 라스콜리니코프는 스비드리가일로프가 여전히 두냐에게 흑심을 품고 있는 것으로 의심하고 뒤를 따르기로 한다. 라스콜리니코프의 생각이 옳았음은 역설적이다. 스비드리가일로프 역시 라스콜리니코프가 자신의 속물적인 발언을 참지 못하리란 것을 알 정도로 교활하다. 당연히 라스콜리니코프는 그에게 혐오감을 느끼고 더 이상 함께 있는 것을 견딜 수 없는 지경에 이른다.

주제 탐색 두냐와 함께 있는 장면은 스비드리가일로프의 인생에서 가장 중요한 순간이다. 이 장면에 앞서 그는 타인을 필요로 하지 않는 완전히 자족적인 인간으로서 생활해 왔다. 그는 라스콜리니코프처럼 자신의 욕구와 목표가 평범한 사람들보다 우위에 있다고 생각한다. 과거에는 뭔가를 원하면 그냥 취했고 모든 결과는 안중에 없었다. 그는 타인을 필요로 하지 않고 모든 것에 저항할 수 있다는 개념에 입각하여 살았다. 그러나 지금은 두냐를 원할 뿐만 아니라 더욱 중요한 것은 두냐가 자기를 원하기를 바란다는 것을 알게 된다. 여기서 초인은 완전히 실패한다. 즉 사람이 완전히 독립적으로 존재한다는 것은 절대로 불가능하다.

두냐에게서 얻고자하는 것이 육체적 쾌락뿐이었다면 그는 완력으로 쉽사리 뜻을 이룰 수 있었다. 과거 스비드리가일로프는 혼자 인생에 맞설 용기, 즉 모든 것에 대해 자신의 의지를 시험할 용의가 있었다. 그렇게 함으로써 그는 철저히 혼자가 되었다. 그는 악행을 통해 자기 자신을 능가하는 어떤 힘이 벌을 내릴 수 있는지 알아보려 했고, 처벌받지 않았다. 그러므로 그의 의지로써 못 할 일은 더 이상 존재하지 않았다. 그는 감당할 수 없는 고독에 직면한다. 그는 두냐의 혐오감 뒤에서 사랑의 불꽃이 생기기를 바라며 두냐에게 고개를 돌린다. 그런 사랑의 불꽃은 그가 혼자가 아님을 보여줄 것이다. 그녀는 두 차례 그에게 총을 쏜다. 그는 자신이 처벌받는지 보기 위해 움직이지 않고 총을 쏘도록 내버려두지만 그녀는 세 번째로 방아쇠를 당기지 못하고 권총을 떨어뜨린다. "무거운 짐이 그의 심장에서 굴러내려 가는 것처럼 보였다… 그가 뭐라고 표현할 수 없는 더욱 어둡고 쓰라린 또 다른 감정으로부터의 구원이었다." 그 기분은 희망이다. 두냐가 권총을 떨어뜨린 것은 그녀가 자발적으로 자신을 그에게 바칠 수 있다는 것을 의미하리라는 희망이다. 그는 두냐에게 자기를 사랑하느냐 혹은 장차 사랑할 수 있느냐고 묻는다. 결코 그럴 수 없다는 대답. 희망은 산산조각 나고 그는 다시 완전히 혼자가 된다. 그는 인생의 짐이 자기 의지 하나에만 얹혀 있는지 아니면 그 너머에 무언가가 있는지 알아보고자 하는 과정에서 인간 체험의 모든 경계선을 넘었으나 아무것도 발견하지 못했다. 그가 아직도 의지에 따라 시험해 보지 못한 것은 죽음뿐이고, 마침내 그것을 시험하게 된다.

Chapter 6

 탕아의 자살

　스비드리가일로프는 두냐가 떠난 뒤 이곳저곳 유흥장에 들러 저속하고 속물적인 재미에 젖었다가 소냐의 방을 찾는다. 그는 소냐에게, 카테리나의 세 자녀를 보살펴주고, 그녀에게는 3,000루블을 주겠다고 말한다. 그녀가 사양하자 라스콜리니코프의 두 가지 선택—권총으로 머리를 쏘아 자살하거나 시베리아의 교도소에 가는 길—에 대해 말한다. 돈을 받는 데는 한 가지 조건만 지키면 된다. 돈의 출처를 다른 사람에게 말하지 않는다는 것이다. 또한 그녀는 그 돈을 내일이나 아니면 가급적 빠른 시일 안에 받아서 라주미킨에게 맡겨야 한다.

　스비드리가일로프는 약혼녀를 찾아가 1만 5천 루블짜리 어음을 건넨다. 자기 방으로 돌아온 그는 잠에 빠지고, 거리에서 다섯 살짜리 계집아이를 발견해 데려오는 꿈을 꾼다. 그 아이가 돌연 나이가 들어 타락한 프랑스 창녀 노릇을 한다. 이어 잠에서 깬 스비드리가일로프는 공원을 산책하다가 권총을 꺼내 머리에 대고 방아쇠를 당긴다.

　　스비드리가일로프는 두냐가 결코 사랑할 수 없다고 단언한 후 자신에게 육체적 쾌락 이상이 필요하다는 것을 깨닫는다. 그에게는 또한 인간의 온정과 애정이 필요하다. 지금까지의 삶은, 자기 자신만으로 완전하여 타인이 필요치 않고, 만약 필요한 것이 있으면 그냥 취하고 결과는 무시하며, 자기 의견은 그 무엇보다 강하다는 이론에 바탕을 두었다.

　　두냐가 온정을 줄 수 있고 그는 그 온정이 필요하지만 뜻대로 얻을 수 없다는 것을 갑자기 깨달았을 때 자신의 과거 존재가 실패였고 속임수였음을 알아차린다. 이러한 깨달음으로 인해 이제는 허위로 판명된 과거의 존재양식으로 되돌아갈 수 없다. 마찬가지로 변화도 불가능하다. 그가 지금까지 의지대로 하지 않은 것은 죽음뿐이다. 이런 것을 깨달은 직후 그는 어린 여자아이 꿈을 꾼다. 여자아이는 그의 손길 아래서 수치를 모르는 창녀로 변한다. 잠에서 깬 스비드리가일로프는 죽음 외에는 달리 선택이 없다고 느낀다.

주제
탐색
　　스비드리가일로프의 자살은, 어떤 인간도 다른 사람들로부터 완전히 분리될 수 없다는 도스토예프스키의 전제의 일부다. 법의 위반이 허용되는 초인은 존재할 수 없다. 모든 사람은 인간의 온정과 공생이 필요하다.

Chapter 7

스비드리가일로프가 자살하던 날, 라스콜리니코프는 어머니를 마지막으로 만나러 간다. 어머니는 혼자 있다. 그녀는 아들이 어디 있었는지 물으려 하지 않고, 아들의 평론을 세 차례 읽고는 그가 위대한 인물이 될 운명이라 생각한다고 하면서 간섭하지 않겠다고 말한다. 그는 "제가 항상 어머니를 사랑했다는 것을 다짐하러 왔습니다. 지금 어머니와 단 둘이 있게 되어 기뻐요"라고 말한다. 그는 어머니에 대한 변함없는 사랑을 거듭 다짐하고는 자신이 오랜 기간 떠나 있어야 된다고 말한다. 헤어지기 전 그는 어머니에게 부탁한다. "하느님께 무릎을 꿇고 저를 위해 기도해 주세요. 어머니의 기도는 아마도 하느님께 도달할 것입니다." 어머니는 아들에게 성호를 그려 축복해 주고, 그는 언젠가 어머니에게 돌아오겠다고 약속하고 떠난다.

자기 방으로 돌아온 그는 두냐가 기다리고 있는 것을 발견한다. 두냐는 소냐와 함께 하루 종일 그를 기다렸다. 그녀는 이제 오빠의 범죄에 관해 알고 있으며 그 범죄가 잘못이라는 데 동의하지만 그가 '고통을 받을 용의가 있다'는 사실을 자랑스럽게 여긴다. 소냐와 포르피리처럼 그녀 또한 그가 '고통에 직면함으로써' 죄를 용서받는다고 생각한다. 라스콜리니코프는 자신의 범죄가 악행이란 것을 여전히 납득할 수 없다. "범죄라구? 무슨 범죄? … 더럽고 해로운 기생충을 죽이는 거, 늙은 고리대금업자,

아무에게도 득이 되지 않고 가난한 사람들의 피를 빠는 그 여자를 죽이는 걸로 40가지의 죄를 용서받아야 마땅해."

그는 자신의 비열함과 무능과 서툰 행동에는 잘못이 있음을 인정한다. 하지만 고통의 가치를 이해할 수 없음에도 불구하고 고통을 받을 용의가 있다고 두냐에게 다짐한다. 또한 명예롭고 남자답게 처신할 것이며 언젠가 사회로부터 호의적으로 평가받는 것을 보여주겠다고 약속한다. 떠나면서 그는 어째서 지금 소냐의 집으로 가느냐고 자문한다. 그는 이미 소냐를 너무나 많이 괴롭혔다고 생각하면서도 그녀에게로 간다.

풀어보기

인물탐색 어머니와 아들이 만나는 장면은 라스콜리니코프의 새로운 측면을 엿보게 한다. 그는 어머니와 단 둘이 있는 사실을 매우 중요하게 생각하는데, 그 자리를 통해 어머니에 대한 사랑을 기탄없이 표현할 수 있다. 과거에는 사랑 고백은 자신에게 제약을 가하는 지루한 일로 초인 이론에 어긋난다고 생각했다. 이 장면에서는 어머니에 대한 사랑을 표현할 수 있을 뿐만 아니라 자신을 위해 기도해 달라고 부탁까지 한다. 이러한 변화는 그가 자신의 구원을 시작하고 있다는 표시다.

라스콜리니코프와의 마지막 대화 때 두냐는 또한 고통이 갖는 구원의 속성을 강조한다. 그러나 라스콜리니코프는 이 기본적인 개념을 또 한 차례 거부한다. 그는 범죄를 유도한 개념을 여전히 믿고 있으며, 자신이 인간으로서 비겁하고 경멸받아 마땅하기 때문에 그 개념의 고결성을 모독했다는 점만을 유감스럽게 생각한다.

Chapter 8

 땅에 입을 맞추다

두냐와 소냐는 라스콜리니코프가 자살했을지도 모른다고 걱정하며 하루 종일 그를 기다렸다. 두냐가 기다리기를 포기하고 그의 방으로 간다. 라스콜리니코프가 소냐의 숙소에 도착하자 그녀는 매우 반가워한다. 그는 "당신의 십자가를 받으러 왔습니다. 나를 네거리로 보낸 사람은 당신입니다"라고 말한다. 그녀가 십자가를 가지러 간 사이, 그는 포르피리에게 가지 않기로 결심한다.

십자가를 가지고 돌아온 소냐는 그에게 성호를 긋고 작은 삼나무 십

자가를 가슴에 달아준다. 그가 말한다. "그럼 이건 내가 십자가를 지고 있다는 상징이로군요." 소냐의 강력한 요청에 따라 그는 '성호를 여러 차례' 긋고, 소냐는 그와 함께 나가기 위해 솔을 가지고 온다. 그러나 그가 혼자 가야 한다고 말하자 일정한 거리를 두고 몰래 뒤를 따른다.

그가 네거리에서 무릎을 꿇고 입을 맞추자 주변에 있던 사람들이 요란하게 웃는다. 일부는 그가 술에 취했다고 생각한다. 그가 미쳤다고 생각하는 사람들도 있다. 이 모든 것을 막 포기하려던 그는 멀리 떨어진 그늘 속에 서 있는 소냐를 본다. "그 순간 라스콜리니코프는 소냐가 항상 그와 함께 있을 것이며 지구 끝까지라도 그를 따라오리란 것을 영원히 확신하게 된다."

그는 경찰서에 들어가 자메토프와의 면담을 요청하지만 마침 외출중이어서 일랴 페트로비치의 장광설을 듣는 처지에 놓인다. 스비드리가일로프가 권총 자살을 했다는 소식이 갑자기 그의 귀에 들어온다. 자백하지 않고 경찰서를 나오던 그는 계단 위에서 멀리 소냐가 서 있는 모습을 다시 본다. 그는 경찰서 안으로 되돌아가 경찰관에게 말한다. "전당포 여주인과 여동생 리자베타를 도끼로 죽이고 강도질한 사람이 바로 접니다."

:풀어보기

라스콜리니코프가 소냐를 마지막으로 찾아간 것은 '십자가를 지고' 인간사회로 다시 들어가려는 의도를 보여준다. 그는 삼나무 십자가를 가슴에 달고 소냐를 위해 성호를 긋는다. 이는 구원을 향한 진일보다.

그는 자신의 고통 속에서 소녀의 고통도 본다. 자백을 하러 갈 때 "사람들에게 절하고 땅에 입을 맞추고 나는 살인 자다라고 크게 외치세요"라고 한 그녀의 말을 떠올린다. 그가 이런 행동을 시작하자마자 주변 사람들은 웃음을 터뜨린다. 과거에 그는 자존심 때문에 비웃음거리가 되는 것을 기피했고 지금도 여전히 조롱당하는 것이 두렵다. 아직도 자기 이론의 정당성을 강력히 믿고 있기 때문이다.

그는 경찰서에서 오만한 일랴 페트로비치에게 자백하는 것이 싫다. 그러나 자메토프는 외출중이며 일랴는 주책없이 수다를 떨고 있다. 그는 스비드리가일로프의 자살 소식을 듣고는 자백을 하지 않고 경찰서를 나서다가 고통받는 인류의 상징인 소냐의 모습을 보고 다시 경찰서 안으로 발길을 돌린다. 그의 자백과 더불어 소설은 막을 내린다. 이 자백은, 전당포 주인과 여동생을 살해한 이후 그가 계속 마음에 담아두었던 여러 차례 자백 시도의 절정을 이룬다.

에필로그

:줄거리 수감생활과 후일담

　　에필로그의 무대는 살인 사건이 발생한 날로부터 18개월, 라스콜리니코프가 수감되고 9개월이 지난 후 시베리아의 한 교도소다.

　　재판에서는, 라스콜리니코프가 자수했고, 돈을 쓰지 않았으며, 신경쇠약 직전의 상태였고, 범죄로 개인적 이득을 보지 않았으며, 많은 증인들이 그의 특이한 행동과 전반적으로 고상한 성품에 대해 증언했고, 여러 차례 자선행위를 한 사실이 모두 참작되어 가벼운 형을 받았다. 라스콜리니코프의 어머니는 재판기간 동안 병에 걸려 아들의 범죄와 판결에 관해 아무 소식도 듣지 못한다. 라스콜리니코프에게는 8년의 시베리아 유형이 선고된다. 소냐는 스비드리가일로프가 남긴 돈으로 시베리아에 갈 준비를 한다. 재판이 끝나고 2개월 후 두냐와 라주미킨은 결혼한다.

　　교도소에서 라스콜리니코프는 시무룩하게 지내며, 다른 수감자들과 거리를 둔다. 그는 소냐에게 적대적인 태도를 취한다. 얼마 후 그는 갑자기 병에 걸려 병원으로 후송된다. 그는 자신의 이론을 재검토하고, 자신의 과오에도 불구하고 그것이 여전히 옳다고 생각한다. 오랜 기간 소냐를 보지 못하던 그는 그녀가 병에 걸려 아파트를 나올 수 없다는 사실을 알게 된다. 마침내 소냐를 다시 보게 된 그는 그녀가 대단히 소중한 존재임을 깨닫는다. 이때 그는, 앞으로도 7년 이상 고통의 나날을 보내야겠지만 미래에 더 많은 세월 동안 무한한 행복을 누릴 수 있다는 것을 깨닫는다.

　　역사적으로 러시아에는 세 종류의 죄수들이 있었다. 죄질이 가장 나쁜 중범죄자들은 무기징역이나 12년 이상의 징역형을, 두 번째 등급은 8년 내지 12년 징역형을, 세 번째 등급은 8년 미만의 징역형을 받았다. 그러므로 라스콜리니코프는 두 번째 등급에서 가장 낮은 형을 받은 것이다. 죄수들은 모두 광산에서 강제노역을 했으나 노동 강도는 등급 및 여타 사항과 관계가 있다.

　　대다수 비평가들과 독자들은 제6부의 마지막을 소설이 끝나야 할 가장 논리적인 대목으로 생각한다. 그러나 19세기 소설은 마지막 요약이나 에필로그를 덧붙였다.

　　에필로그에서는 꼭 필요하거나 새로운 내용이 제시되지 않는 것은 분명하다. 모든 모티프와 상징은 라스콜리니코프가 이제 완전히 통합되고 원만한 성격으로 변화해 가고 있다는 것을 시사한다. 에필로그는 19세기 소설의 전형적인 양식에 따라, 단지 여러 가지 미결사항들을 '정리'하는 데 그친다. 예를 들어, 도스토예프스키는 두냐와 라주미킨이 결혼하며, 소냐가 라스콜리니코프를 따라 시베리아로 가는 것을 이야기해 준다. 이 내용은 에필로그에서 다시 언급하지 않아도 독자들은 이미 알고 있다. 마찬가지로 소냐가 말없이 겸손하게 모습을 드러내고 그와 더불어 고통을 받을 뜻을 나타내는 것만으로도 라스콜리니코프의 최종적인 구원이 실현되리라는 것을 알게 된다. 그러므로 소설의 공식적인 구조는 라스콜리니코프가 경찰서에 자수한 것과 때를 맞춰 끝난다.

인물분석
노트

○ 로디온 로마노비치 라스콜리니코프

라스콜리니코프는 두 가지 성격을 분명히 드러낸다. 그는 때때로 한 가지 방식으로 행동하다가 갑자기 정반대로 돌변한다. 이런 일련의 행동은 독자로 하여금 그를 정신분열자나 이중성격자로 보게 만든다. 아마도 라스콜리니코프를 가장 잘 묘사한 대목은 제3부 2장일 것이다. 이 대목에서 라주미킨은 라스콜리니코프의 어머니 풀체리나 알렉산드로브나와 두냐에게 라스콜리니코프의 최근 행동을 설명하려고 애쓴다. "의심이 많고 변덕이 심해졌습니다. 고상한 성품과 친절한 마음의 소유자이기도 해도 감정을 드러내기를 꺼리고 흉금을 터놓기 보다는 잔인한 행위를 하는 쪽입니다. 병적인 것은 아니지만 비인간적으로 냉담한 태도를 보이기도 합니다. 마치 두 성격 사이를 오락가락하는 것 같죠." 이 두 가지 성격은 권력과 자기 의지를 강조하는 냉정하고 지적이며 초연한 측면과 겸손과 온유함을 연상시키는 따뜻하고 인간적이며 동정심이 깊은 측면으로 잘 나타난다. 지적인 측면은 의도적이고 미리 계획된 행동의 결과다. 즉 그가 이런 측면에서 행동할 때는 우연히 행동하는 것이 아니라 완전한 사전 계획에 따라 움직인다. 그가 범죄에 관한 이론을 공식화하고 실천에 옮기도록 하는 것 역시 그렇다.

도스토예프스키는 라스콜리니코프의 이중성을 강조하

기 위해 그와의 대비를 상징하는 두 명의 인물, 소냐와 스비드리가일로프를 만들어냈다.

스비드리가일로프는 자기 의지를 강조하는 냉정하고 지적인 측면을 상징한다. 이는 스비드리가일로프가 지식인임을 의미하는 것이 아니라 사소한 인도주의적 행동이나 도덕성 혹은 법이 그를 막도록 허용하지 않는다는 것을 의미한다. 따라서 라스콜리니코프가 자신의 이론 때문에 살인을 저지를 수 있는 것과 같이 스비드리가일로프는 자기만족을 위해 15세의 벙어리 소녀를 강간할 수 있다.

라스콜리니코프의 지적인 측면은 비범한 사람(초인)에 관한 그의 이론 속에 복잡하게 얽혀 있다. 그가 비범한 사람에 속한다면 다른 사람과의 인간관계를 필요로 하지 않고 다른 사람에 의해 영향을 받지 않고 홀로 설 수 있어야 한다. 타인에게 의존해서는 안 되며 완전히 자급자족해야 한다. 그가 자선행위를 할 때는 잠시 이런 지적 측면과 배치된다.

또 하나는 따뜻하고 동정심이 강한 측면이다. 이 측면은 생각의 조정 과정 없이 즉각 작용한다. 결과적으로 그는 따뜻하고 우호적이며 자비롭거나 인도주의적인 방식으로 행동한 다음, 지적으로 재검토할 기회가 생기면 이전 행동을 후회한다. 예를 들어, 자신의 마지막 남은 돈을 카테리나 이바노브나에게 준 다음 곧 후회한다. 상황에 대한 즉각적인 반응에 따를 경우 라스콜리니코프는 항상 자비롭고 인도주의적으로 행

동할 것이다. 그는 언제나 이웃을 위해 희생한다. 그 가운데는
화재에서 어린이를 구조하려고 자기 목숨을 무릅쓰거나 나쁜
의도를 가진 '멋쟁이' 사내에게 미행당하는 마약에 취한 소녀
를 걱정하는 이야기 등이 포함된다.

　　두냐와 루진의 결혼을 반대한 직후 누이동생에게 원하
는 사람과 결혼하라고 말할 때 나타나는 태도의 역전은, 동생
의 희생을 원하지 않는 인도주의적 측면과 타인들의 하찮은
문제에 관심을 기울이지 말아야 한다고 주장하는 지적인 측면
이 연이어 나타난 사례다.

○ 소냐 세묘노브나 마르멜라도프

　　소냐는 라스콜리니코프가 지닌 성격의 한 측면인 '수동
적인 구원자' 역할을 한다. 그녀는 온유하고 순종적이다. 그녀
의 역할은 라스콜리니코프의 구원을 돕는 것이지만 그 역할
은 수동적이다. 이는 그녀가 라스콜리니코프를 자백하게 만들
거나 그의 방식을 바꾸도록 적극적으로 행동하는 경우가 거의
없다는 것을 의미한다. 그러나 그녀는 자신의 고통을 통해 라
스콜리니코프에게 모든 고통받는 인류의 상징이 되기 때문에
구원자로서의 역할을 발휘한다. 즉 인류의 모든 고통이 그녀
의 고통으로 상징된다. 소냐는 동정적인 성격과 사랑의 힘을
통해 라스콜리니코프가 지닌 성격의 한 쪽 면에 깊은 영향을
미친다.

창녀 생활에 소냐보다 더 부적합한 사람은 없지만 그 생활은 가족의 생계를 도울 수 있는 유일한 방법이다. 그녀는 자기 직업의 퇴폐성과 치욕을 강하게 느끼면서도 하느님과의 접촉은 한 번도 끊지 않았다. 하느님에 대한 소박한 믿음은 그녀가 지닌 힘의 일부다. 그녀는 가능한 한 교회에 나가고, 리자베타 이바노브나를 위해 진혼 기도를 올린다. 그리고 하느님 섭리의 선함에 대해 기본적인 믿음을 갖고 있다. 또한 "내가 어떻게 하느님의 섭리를 알 수 있겠습니까?"라는 말로써 라스콜리니코프의 질문에 대한 답변을 거부한다. 그녀는 하느님의 섭리에 대해 의문을 제기할 수 있을 정도로 자기 의지를 내세우지 못한다.

○ 아르카디 스비드리가일로프

그는 인생에서 단 한 가지 목적, 즉 육체적인 욕망을 만족시키고자 하는 목적만 지니고 있으며, 그것을 위해 종종 기이한 방법과 수단을 동원한다. 그는 일종의 '초인' 혹은 비범한 사람을 상징하는데, 이런 유형의 인간은 세상을 기본적으로 사악한 장소로 생각한다. 그러므로 이러한 세계와 조화를 이루려면 그 자신도 사악해야 한다. 인간의 의지보다 더욱 강한 신의 섭리는 존재할 수 없기 때문에 개인은 자기 의지와 힘을 내세워야 한다. 이 세상은 무의미하고 방향이 없으므로 인간의 주된 행동 경로는 욕망의 완전한 충족이다. 그러므로 그에게는 쾌락과 욕망 충족이 가장 중요하다. 욕망 충족의 방법은 중요하지 않다. 그는 라스콜리니코프에게 자신이 속물적인 것에 '타고난 취향'을 지녔다고 시인한다. 그는 자신의 뜻을 관철하는 것에 대해 아무런 가책도 느끼지 않는다. 그의 인생은 자신의 느낌과 쾌락이 그 무엇보다 중요하다는 개념 위에 구축되었다. 그러므로 벙어리 소녀를 강간할 수 있고, 그 소녀가 목을 매 자살했다는 소식을 듣고도 회한을 느끼지 않는다. 단지 어쩔 수 없다는 몸짓뿐이다.

마찬가지로 중요한 것은 그의 자선행위다. 그 행위는 단지 순간적인 자선 충동에 쾌감을 느끼기 때문에 행해진다. 마르멜라도프 가족에게 친절을 베푸는 과정에서는 라스콜리니코프와 두냐를 속여 과거의 사악한 생활 방식을 고친 것으로 믿도록 만들고 싶어한다. 그는 나머지 인류로부터 고립되어 완전히 혼자 살 수 없다는 것과 두냐를 소유할 수 없다는 것을 깨닫자 자신에게 열려 있는 유일한 행동 양식인 자살을 택한다.

○ 포르피리 페트로비치

그는 인류의 복지향상 또는 좀더 제한적으로 말하면 재능 있고 지적인 청년을 필요로 하는 슬라브 세계의 위대함을 위해 활동한다. 그는 러시아가 위대한 국가가 될 운명이며, 세계를 인도하여 사랑과 이해에 기초를 둔 새 시대로 들어갈 것이라고 믿는다. 결과적으로 지적 잠재력을 지닌 모든 사람이 이러한 목표 달성을 위해 조국 러시아에 봉사해야 한다고 생각한다. 라스콜리니코프는 외부 세계에서 러시아로 들어온 새롭고 과격한 지적 개념들에 너무 집착해 자신을 기만했으나 포르피리는 라스콜리니코프에게 내재된 위대한 인간을 본다. 그는 라스콜리니코프가 진정한 자아를 발견하면 잠재적인 위대성을 가지게 되고, 러시아를 위해 많은 봉사를 할 수 있는 인간이 될 것으로 믿는다. 그가 평범한 경찰관이나 수사관 역할을 수행하고 함정수사에만 관심을 기울였다면 이미 라스콜리니코프를 체포했을 것이다. 그러나 그의 목표는 범죄자를 철창 뒤에 가두는 것이 아니라 범죄자의 재활을 도와 사회의 유용한 구성원으로 만드는 것이다. 따라서 마지막 면담에서 그는 라스콜리니코프에게 생각할 시간을 더 주는데 자수할 경우 형량이 줄기 때문이다.

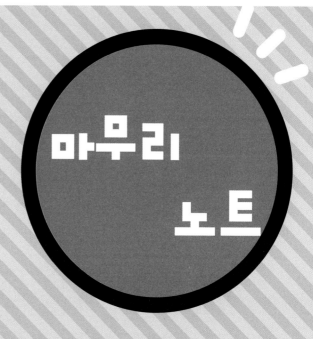

마무리 노트

라스콜리니코프: 이중성격 혹은 정신분열

도스토예프스키는 이 소설을 출판하기 전, 여러 차례에 걸쳐 이중성격을 가진 인물들을 작품에 등장시켰다. 그러나 정신분열에 대한 완전한 연구를 독자들에게 선보인 것은 이 소설이 처음이다. 라스콜리니코프의 이중성격은 사건 전개를 통제하는 중심 개념이다. 그는 러시아 자체의 운명과 복잡하게 얽힌 지식청년의 대표로 이용된다. 그러므로 이 이야기는 19세기 러시아의 허무주의적이고 회의적인 청년의 운명에 관한 우화이며, 이것은 다시 도스토예프스키 자신의 처지다. 그러나 작가는 후에 혁명적인 견해들을 거부하고 증오하고 두려워하게 되었다. 〈죄와 벌〉은 기성의 권위와 도덕으로부터 자신을 단절시켜 인간생명에 대한 존경을 모두 상실한 사람들이 겪는 궁극적인 오류와 윤리적 고통에 관한 미래전망이었다. 그러므로 라스콜리니코프의 인생과 목표는 어느 면에서 러시아 지식청년들의 운명이 되었다.

도스토예프스키는 라스콜리니코프를 사랑했다. 작가는 이야기의 대부분을 라스콜리니코프의 시각에서 묘사한다. 일부 짧은 장면에서 자신이 제시한 전제에 따라 다른 곳으로 주의를 돌릴 필요가 있는 경우를 제외하고는 라스콜리니코프로부터 벗어난 경우가 드물다.

소설의 구성은 외면과 내면의 이중갈등을 보여준다. 하

나는 소외된 개인과 적대적인 세계 사이의 갈등이고, 또 하나는 고립된 영혼과 그의 윤리적 혹은 심리적 의식 사이의 충돌이다. 이중갈등 구조이므로 전반적인 문제는 라스콜니코프의 이중성격을 이해하는 것이다. 넓은 관점에서 볼 때, 라스콜니코프는 완전한 자기 의지 및 힘에 관한 개념들과 극단적인 온유함 및 순종 사이를 오간다.

이 소설의 문제는 라스콜니코프의 성격에서 두 가지 상충하는 측면들을 하나의 기능을 발휘하는 인간 속에 통합시키는 것이다. 도스토예프스키는 이를 위해 범죄로 이야기를 시작한다. 그리고 벌로 넘어가기 위해 범죄는 비교적 신속하게 처리한다. 살인은 라스콜니코프의 생각을 상징하며, 그가 자신을 권위, 사랑, 인류로부터 단절시킨 결과다.

구원하는 인물들: 소냐와 포르피리

라스콜니코프는 범죄에도 불구하고 구원받을 가치가 있다. 따라서 도스토예프스키는 두 명을 추가로 만들 필요를 느꼈다. 그가 이중성격을 가졌기 때문이다. 그 인물들은 각기 라스콜니코프가 지닌 성격의 두 가지 측면을 나타낸다. 소냐는 따뜻하고 인간적이며 자비를 베푸는 측면을 대표하고, '모든 인류의 고통'의 상징이다.

스비드리가일로프는 의지와 힘, 지능을 나타내며, 인간

사회에서 분리된 냉정한 측면을 대표한다. 라스콜리니코프는 소냐에게 마음이 끌릴 때는 스비드리가일로프의 타락이 싫다. 마찬가지로 스비드리가일로프와 이야기하거나 만나러 갈 때는 소냐의 눈물과 나약함에 혐오감과 거부감을 느낀다.

라스콜리니코프를 이중성격으로 설정하고 상반되는 측면들을 상징하는 소냐와 스비드리가일로프를 만들었기 때문에 이 소설의 전반적인 패턴은 라스콜리니코프가 제 기능을 발휘하는 일관된 성격이 되도록 만드는 것이다. 여기서 소냐의 역할이 지닌 중요성이 엿보인다. 그녀는 자신의 고통을 통해 그로 하여금 인류에 대한 사랑의 중요성과 인간은 다른 사람의 생명을 빨아먹는 '기생충'이 될 수 없다는 것을 깨닫게 한다. 그녀는 단지 존재하는 것만으로도 라스콜리니코프의 생각에 영감을 불어넣기에 충분한 인물이다.

또 다른 구원자는 포르피리다. 그는 인간의 복리를 위해 자신의 개념을 사용하는 지식인이다. 그는 라스콜리니코프가 위대한 인간이 될 수 있는 잠재력을 지녔으며, 하나의 이론을 만든 다음 그 이론이 무너지는 것을 부끄럽게 생각하는 사람인 것을 안다. 그리고 그 이론이 비천하다는 것과 라스콜리니코프는 천한 것과 거리가 멀다는 사실도 알고 있다. 따라서 그의 목적은 라스콜리니코프로 하여금 이론의 천박함과 그 자신 속에 존재하는 잠재력 사이의 괴리를 보게 만드는 것이다. 포르피리가 깨닫는 것은, 인류의 이익을 위해 구상되는 모든 개념은 인도주의적이어야 하고 인간적인 사람에 의해 실행되어야 한다는 점이다. 포르피리는 라스콜리니코프가 그의 이론이 대부분의 인류를 천한 존재로 보기 때문에 그 개념이 천하다는 것을 깨닫도록 하려고 노력한다.

따라서 라스콜리니코프의 이중성격을 온전한 하나로 통합시키는 과제는 소냐와 포르피리에게 주어진다. 인간은 자기 삶의 인간적인 측면을 지적인 측면과 분리시킬 수 없다는 점이 강조된다. 인간의 모든 행동은 전체 인류의 진보라는 조건 아래 이루어져야 한다.

라스콜리니코프가 겪는 고통인 벌은 성격 분열의 결과다. 전당포 주인을 살해한 것은 그의 성격 가운데서 한 측면이지만 살인으로 인해 고통을 받아야 하는 것은 그의 인도적 측면이다.

초인 이론

평범한 사람 대 비범한 사람에 관한 라스콜리니코프의 이론은 그의 마음속에서 종종 모호하고 불분명하다. 그 이론을 증명하기 위해 범행했다고 가정할 경우 범죄의 결함은 그 이론의 결함이나 불완전함을 나타낸다.

그 이론들이 때때로 상충하는 듯이 보인다면 그것은 도스토예프스키의 부주의의 결과가 아니다. 정반대로 작가는 의도적으로 그 이론들이 상충하도록 만들었다. 라스콜리니코프는 이론을 완전히 형성하기 전에 범죄를 저지른다. 작가는 젊은 지식인 라스콜리니코프가 다양한 이론들에 영향을 받고 그 이론들을 분석할 기회를 갖기도 전에 먼저 실행하는 경우를 보여주고 싶었다. 예를 들어, 라스콜리니코프가 어떤 때는 인류의 이익을 위해 살인이 행해졌다고 주장하지만, 이어 비범한 인간은 인류를 초월해야 하며 인류가 그를 어떻게 생각할 것인지에 관심을 기울일 필요가 없다고 주장하는 것이 전형적으로 상충되는 경우다. 자신의 생각에 관한 불완전한 이해와 그처럼 상충하는 발언들은 라스콜리니코프를 구원의 가능성으로 인도하는 근거가 된다. 다양한 개념들을 간단히 분석하는 것만으로, 그 이론들의 어느 면이 차용된 것이고 어느 것이 라스콜리니코프의 독창적인 생각인지 보여줄 것이다.

독일 철학자 헤겔은 초인, 즉 비범한 인간의 보편적인 성격에 관해 많은 글을 썼다. 그러나 그의 개념들은 하나의 일관된 명제를 이루지 못했다. 그의 철학의 다양한 부분으로부터 발췌된 견해들은 어느 정도 일관성을 지닌 듯이 보일지도 모른다. 넓은 의미에서 볼 때 헤겔적 인간은 고귀한 목적을 위해 존재한다. 목적이 고귀하면 수단이 정당화될 수 있다. 수단보다는 항상 목적에 중점이 두어진다. 라스콜리니코프의 범죄에 적용된 그의 이론은 다음과 같은 방법에 의해 중요성을 띤다.

전당포 주인은 물건을 잡히고 돈을 빌리기 위해 찾아오

는 가난한 사람들에게 실제로 해를 끼치는 악한 인간이다. 헤겔에 따르면 사회의 모든 유해한 부분은 제거되어야 한다. 라스콜리니코프는 전당포 주인을 살해함으로써 사회에서 '기생충'을 제거한다는 논리를 세운다.

목적이 고귀하면 수단이 정당화될 수 있다. 전당포 주인은 많은 돈을 갖고 있으며 그 돈은 그녀의 사후 영혼 천도를 위한 진혼미사에 쓸데없이 '낭비될' 것이다. 라스콜리니코프가 그 돈을 가지면 교육을 마치고 인류에 대한 봉사에 헌신할 수 있다. 또는 가난한 사람들과 굶주리는 사람들에게 나눠주면 수백 명을 파멸과 빈곤으로부터 구할 수 있다.

도스토예프스키는 초인에 관한 다른 견해도 접한 듯하다. 그 견해는 분명하고 통일된 이론으로 형성된 것이 아니라지식인들이 모이는 곳에서 흔히 들을 수 있는 것이다. 스비드리가일로프는 자기만족에 관한 이런 개념들에서 탄생했다. 그의 이론은 이렇다. 자기 자신의 이론을 능가하는 의지나 힘은 존재하지 않는다. 따라서 자기 이론에 대한 모든 제약으로부터 완전히 해방될 때까지 자기 의지를 내세우지 않으면 안 된다. 벌을 가하는 기능을 지닌, 나를 능가하는 힘은 존재하지않으므로 나는 내 자신의 의지를 완전히 내세울 자유가 있다.

그러므로 스비드리가일로프 유형의 초인은 가장 강력한 의지를 소유하고 자신의 욕망과 힘으로 타인을 지배할 수있다. 벌을 두려워하지 않고 소녀를 강간하며, 하인을 죽음으로 몰아넣을 수 있다. 그는 자신의 욕망충족을 위해 자신의 의지를 내세울 수 있다.

이런 유형의 초인은, 완전히 홀로 서야 하고 타인의 바람에 의해 자신의 의지가 영향을 받지 않는다. 따라서 의지의 행사는 그를 사회로부터 고립시킨다. 라스콜리니코프는 자신의 의지를 행사하려고 할 때 나머지 인류로부터 자신이 단절되는 것을 발견한다. 라스콜리니코프가 견딜 수 없고, 인류의 일부가 되기 위해 자백하도록 만든 것은 이 무서운 고독이다.

라스콜리니코프의 이론은 이 모든 개념들의 일부를 채택해 어느 정도 독자적인 수정이 가해진다. 그에게 모든 인간은 평범한 사람과 비범한 사람의 두 범주로 나뉜다. 평범한 인간은 복종하며 살아야 하고, 평범하기 때문에 법을 위반할 권리가 없다. 반대로 비범한 인간들은 어떤 범죄라도 저지를 수 있고, 법을 위반할 권리를 가진다. 그들은 신세계에 관해 이야기할 수 있는 재능을 지녔기 때문에 비범하며, 문명을 새로운 높은 수준으로 인도한다. 비범한 사람들은 그의 개념이나 새로운 말씀의 이행을 방해하는 법률이나 장애물을 딛고 넘어갈 것인지를 결정하는 권리를 갖고 있다.

사회에 뭔가 새로운 것을 제공할 능력이 있는 모든 위대한 사람들은 일반 법률에 복종해서는 안 된다. 복종을 하면 더 이상 위대하지 않기 때문이다. 그들은 자기네 발견을 통해 새 법률을 만들고, 그것으로 소수의 인간을 제거할 권리를 갖게 되며, 이는 자신들의 새로운 발견을 모든 인류에게 알리기 위한 방편이다. 따라서 라스콜리니코프는 "양심의 이름으로 피를 흘리는 것을 허용한다." (라스콜리니코프는 나폴레옹을 끊임없이 언급하는데, 이는 나폴레옹이 자기 계획을 완수하기 위해 다양한 행동을 선택하는 용기를 가졌기 때문이다.)

살인을 저지를 때 라스콜리니코프가 이런 다양한 이론들을 일관되고 통일된 하나의 이론으로 완성하지 못한 점을 다시 한 번 강조하지 않을 수 없다. 거기에는 개개의 모든 부분들이 존재했지만 이를 연결시키는 일부 세부사항이 결여되어 있었다. 살인은, 자기에게 그만한 용기가 있는지, 따라서 자신의 의지가 강한지 입증하기 위해 저질러졌다.

Review

이 부분은 작품에 대한 이해력을 테스트하는 난입니다. 다음의 세 가지 코너를 차례로 끝내면, 〈죄와 벌〉에 대한 포괄적이고 의미 있는 파악이 가능해질 것입니다.

A   원작을 읽고 빈칸을 채우시오.

1. 로디온과 두냐의 아버지의 이름을 딴 부분은 무엇인가?
   로디온 (   ), 두냐 (   )

2. 라스콜리니코프는 포르피리가 (   ) 놀이를 하고 있다고 생각한다.

3. 소냐가 갖고 다니는 노랑색 카드는 허가받은 (   )라는 것을 나타낸다.

4. 라스콜리니코프에게 초인의 완벽한 예는 (   )이다.

5. 소냐는 (   )의 완벽한 예이기 때문에 라스콜리니코프는 마음이 끌린다.

6. 라스콜리니코프의 또 다른 자아는 (   )에 의해 가장 잘 표현된다.

7. 라스콜리니코프는 (   )와 (   )를 살해한다.

8. 라스콜리니코프는 고백할 때 성경을 집어 들고 소냐에게 (   ) 대목을 읽어달라고 부탁한다.

9. 재판을 받은 후 라스콜리니코프는 (   )로 보내진다.

10. 라스콜리니코프는 (   )년의 비교적 가벼운 형을 받는다.

B 원작에서 다음 인용문을 찾아, 그 장면에 대해 설명하시오.

1. 내가 비참하고 쓸모없는 존재이기 때문에 나의 심장이 피를 흘리는 것 아닙니까… 당신은 희망 없이 항변하는 것이 어떤 건지 압니까? 의지할 사람이나 기댈 곳이 없고… 절대적으로 고독한 것이 무엇인지 압니까… 이 순간 당신은 나를 바라보며 내가 돼지가 아니라고 자신 있게 말할 용기가 있습니까?

2. 양심을 가진 모든 사람은 잘못을 의식하고 고통을 받아야 한다… 괴로움과 고통은 박학다식하고 깊은 감정을 가진 사람들에게 항상 의무다. 진정 위대한 사람들은 이 세상에서 큰 슬픔을 체험한다고 나는 생각한다.

3. 자, 우리가 뭔가 공통점을 지니고 있다고 내가 말하지 않았습니까… 우리가 유사한 정신을 가지고 있다고 말했을 때 내가 옳지 않았습니까? 나는 참으로 나태하고 타락한 인간입니다. 그러나 당신에게는 나와 매우 비슷한 뭔가가 존재한다고 나는 계속 생각합니다."

4. 이 순간 당장 가서 네거리에 서서 먼저 당신이 신성을 모독한 땅에 엎드려 절하고 입을 맞춘 다음, 온 세상을 향해 절을 하세요. 그러고 나서 세상의 사방에 있는 사람들을 향해 '나는 살인을 했다'고 외치세요.

5. 노파와 리자베타를 도끼로 살해하고 강도짓을 한 사람이 접니다.

모범답안: 1. 마르멜라도프가 술집에서 처음 만난 라스콜니코프에게. 2. 초인 이론에 관해 질문을 받고 라스콜니코프가 포르피리에게. 3. 스비드리가일로프가 두 사람 사이에 어떤 공통점이 있다는 것을 라스콜니코프에게 일깨울 때. 4. 라스콜니코프가 고백한 뒤 소냐가 한 말. 5. 라스콜니코프가 경찰관에게 한 자백.

C 다음 주제에 대해 논술하시오.

1. 라스콜리니코프가 자기 이론을 고수하고 자아를 무시하던 태도에서 자신을 알고 이론을 거부하는 과정을 가정해서 논술하시오.

2. 도스토예프스키가 소냐를 창녀로 내세움으로써 어떤 잇점이 있는가? 또한 성서의 인물 중 누구를 염두에 두었는가?

3. 라스콜리니코프의 인생에서 중요한 위기였던 사건들은 무엇인지 고르시오. 그리고 그 사건들이 그의 발전에 어떤 기여를 했는지 논술하시오.

4. 라스콜리니코프를 구원하는 역할로 소냐를 내세운 것은 어떤 가치와 어떤 아이러니가 있는가?

5. 라스콜리니코프는 소설 속에서 소냐와 스비드리가일로프와 번갈아 가면서 면담을 한다. 라스콜리니코프와 이 두 등장인물의 관계에 대해 논술하시오.

一以貫之

논술노트

돌아온 탕자? ●

실전 연습문제 ●

一以貫之는 '논어'에 나오는 말로 '모든 것을 하나의 이치로 꿰다'는 뜻입니다.

논술의 주제와 문제 유형, 제시문들은 참으로 다양하고 가지각색입니다. 그러나 그 모든 것을 하나로 꿸 수 있습니다. '인간사회의 보편적 문제들에 대한 근원적인 물음에 답하는 자기 나름의 견해'라는 것이지요. 논술은 인간이면 누구나 부딪히는 개인적 또는 사회적 문제들에 대한 자기 나름의 고민이자 성찰입니다. 논술은 자기견해, 자기 가치관, 자기 삶에 대한 솔직한 고백입니다.

一以貫之 논술연구모임은 '자신의 물음'과 '자신의 생각'을 갖고 '자신의 글'을 쓸 수 있도록 도와줍니다.

〈집필진〉
우한기, 이호곤, 박규현, 김법성, 김재년, 김병학, 도승활, 백일, 우효기, 조형진

돌아온 탕자?

작품을 몇 차례 읽으신 분들은 이 순서대로 읽어도 무방하다. 그러나 처음 읽는 분들은 '왜 죽였나' 장부터 읽고 나서 처음으로 되돌아오는 게 좋겠다.

도스토예프스키를 재미있게 읽으려면

첫째, 말에 주목할 것. 그는 언제나 말로 시작한다. 이것이 그의 작품을 감상하기 힘들게 하는 요인이다. 아무 정보도 주지 않은 채 냅다 말부터 내뱉으니, 뭐가 뭔지 알 도리가 없다. 이것을 견뎌내야 한다. 일단 견디면, 우리는 곧장 인물의 영혼과 만날 수 있다.

둘째, 그의 인물들. 그들은 분열적이다. 양극단을 두서없이 넘나든다. 그러니 어떤 사람의 성격을 미리 판단하면 무척 당황할 것이다.

그들은 박학다식하다. 도대체가 무식한 사람이 없다. 그래선지 그들은 무척이나 말을 잘 하고, 많이 한다. 워낙 똑똑해서 그들은 남의 말을 잘 못 알아듣는 경우가 없다.

그들은 결코 거짓말하지 않는다. 그러니 그들의 말은 액면 그대로 받아들이는 게 좋다. 말에 속는 경우는 절대로 없다. 혹시 거짓말을 하더라도, 독자들을 속이지는 않으니 염려 놓으시라.

　그들은 뛰어난 심리학자이면서 예언자다. 대화를 하면서 상대방의 심중을 훤히 꿰뚫어 본다. 또 몇 마디만 들어도 상대방이 언제 어디서 무엇을 했는지, 무엇을 할 것인지를 알아맞힌다.

　그들은 갈 데까지 간다. 도무지 중단할 줄 모른다. 할 말은 다 해야 하고, 벌인 짓은 끝장을 봐야 하며, 알고 싶은 게 있으면 수단방법을 가리지 않고 다 알아내야 직성이 풀린다. 엄청난 욕심쟁이들이다.

　그들은 잘 먹고 잘 사는 것에 전혀 관심이 없다. 좋은 집, 많은 돈, 멋진 남편, 예쁜 아내, 곱게 잘 자라주는 아이들따위는 삶의 목표가 아니다. 돈 때문에 사람 죽이는 경우는 있어도, 그 돈 자체가 목적은 아니다. 도대체가 아무것도 안 먹고 사는 사람들 같다. 이 점에서 그들은 전혀 욕심 없는 사람들이다.

　그들은 선인과 악인을 구별하지 않는다. 도무지 상종 못할 것 같은 사람과도 진지한 대화가 가능하다. 그런 점에서 그들은 휴머니스트다.

　정리하자. 그들은 겉보기에는 현실적이지만, 실제로는 비현실적이다. 한 마디로, 이 세상에 없는 사람들이다. 그들은 언제나 말로써 시작하는데, 그 말은 그의 영혼을 그대로 드러낸다, 숨김없이, 남김없이, 몽땅. 그러니 도스토예프스키의 작품을 재미있게 읽으려면, 등장인물들의 말을 액면 그대로 받아들이되 그의 말을 타고서 그의 내면으로 스며들어야 한다.

간단하다. 그 말을 액면 그대로 받아들이고 내 영혼으로 느끼는 것이다.

예를 하나만 들자. 천하의 술주정뱅이 마르멜라도프가, 아내의 고통을 느끼기 위해 아내의 양말짝까지 전당포에 맡기고 술을 마신다고 울부짖는 대사가 나온다. 그럴 때 말도 안 되는 소리라면서 술집 주인이나 점원들처럼 비웃었다간 그의 영혼으로 스며들지 못한다. 그것은 그의 진심이다. 정말 그런 사람이 있는 것이다. 그러니 우리 역시 그의 영혼의 울부짖음을 느껴야 한다. 그러면 그의 비참함이, 그의 진심이 마치 내 영혼의 외침마냥 다가온다. 무엇보다 이렇게 그의 영혼으로 스며들 수 있어야, 왜 이 이야기가 이 자리를 차지하고 있는지를 알 수 있다. 도스토예프스키의 작품은 일종의 건축물이다. 치밀하게 배치되어 있다. 하나라도 놓치면 참 재미를 잃는다. 그러니 영혼으로 스며드는 연습을 잘 해야 한다. 우리도 살면서 이런 말도 안 되는 영혼의 울부짖음을 한 번쯤은 겪어보지 않았는가! 실연당해 보지 않은 사람은 없을 터.

그들의 대화는 영혼과 영혼의 만남이다. 영혼과 영혼이 맞부딪쳐 자기 영혼이 동의할 수 있는 답을 찾는 치열한 탐구 과정이다. 그의 작품에서 끝까지 살아남는 자는 끝까지 의문을 붙드는 자, 궁극적인 답을 찾아 포기하지 않고 헤매는 자다. 한 마디로 끊임없이 지껄이는 자다. 그 과정에서 누구는 자살하고, 누구는 슬그머니 떨어져 나간다. 그들은 더 치밀하지 못한 거다. 영혼이 메마른 거다. 여기서 그가 선인인가 악인인가는 전혀 중요하지 않다. 오직 영혼의 풍부함만이 그의 등장 횟수를 결정한다.

등장인물들은 격렬하게 부딪치지만 사실은 동지다. 진리를 찾아 나선 동지. 그래서 서로의 말을 다 이해하고, 상대의 심리상태까지 파악하는 거다. 이렇게 영혼의 대화를 나누다보니 이윽고는 서로의 이야기가 뒤엉킨다. 누가 한 이야긴지 종잡을 수 없을 때도 있다. 그들 모두의 영혼은 궁극적인 것을 지향한다. 그런 치열한 탐구과정이 곧 대화과정이다. 그러니 뒤엉킬 수밖에.

어느 비평가는 도스토예프스키를 일컬어 성애주의자라고 한 바 있다. 그는 작품으로 독자와 섹스를 한다는 것이다. 참 맞는 말이다. 그것도 끝이 허망해지고 마는 그런 섹스가 아니다. 아주 오랫동안 여운이 남아, 기어이 다시 찾게 만든다. 그는 끊임없이 독자들의 성감대를 자극한다. 뜬금없는 애무에 독자는 어리둥절하다. 거의 일방적이라는 느낌이다. 이것을 견디지 못한다면, 이 섹스는 실패다. 그러나 어느 순간 필이 꽂히기라도 한다면, 숨겨진 성감대의 자극을 느낀다면, 이제부터 시작이다. 그는 결코 서두르지 않는다. 그러면서 어떻게 그리도 집요하고 절묘한지. 서두르지 않지만, 절로 호흡을 가쁘게 하는 터치. 이 쾌감에 한 번 빠지면 결코 벗어날 수 없다. 영혼의 섹스!

그들의 대화, 즉 탐구는 지칠 줄 모른다. 그런 만큼 격렬하고 열정적이다. 도무지 타협하지 않는다. 한 점 남김없이 풀릴 때, 융합할 때 비로소 끝난다. 타협이 아니다. 영혼의 공감이다. 이래서 성애주의자라고 하는 거다. 혹시라도 라스콜리니코프와 소냐가 유형지로 함께 간 사랑이 〈죄와 벌〉의 결론이라고 생각한다면 그것만큼 큰 착각은 없다. 사랑조차 융합이 아니다. 그들은 진심으로 사랑하지만, 그것으로 만족하지 않는다. 사랑이 영혼의 의문에 해답을 준 것은 아니기 때문이다. 그들은 열렬히 사랑하지만, 여전히 싸운다. 라스콜리니코프가 십자로에서 더러운 땅바닥에 입을 맞추는 것도 소냐와는 완전히 다른 이유에서다. 라스콜리니코프는 자신의 죄를 여전히 인정하지 않는다. 다만, 끔찍한 고통에서 벗어나려는 것뿐이다. 이렇게 둘은 사랑하지만, 갈라져 있다. 진정한 융합은 유형지에서 라스콜리니코프가 깨달음 — 아직 그 실체가 불분명한 — 을 얻을 때까지 연기된다.

도스토예프스키만큼 이렇게 사랑의 분열성을 치밀하게 탐구한 이는 없었다. 〈카라마조프 가의 형제들〉에서 드미트리의 말을 상기해 보라. "마돈나의 이상에서 소돔의 이상으로, 소돔의 이상에서 마돈나의 이상으로." 순결한 사랑이 추잡한 사랑으로 끝맺기도 하고, 추잡한 사랑 속에 순결한 사랑이 숨어 있다. 그루센카가 그 분열적 사랑의 표본이다. 그는 자신을 버린 폴란드 장교를 이미 용서했지만, 그의 육체적 욕망은 드미트리에게로, 돈을 바라는 마음은 표도르에게로, 정신적인 사랑은 알료샤에게로 향한다. 한 번에 넷이다. 왜? 영혼이 4등분되어 있기 때문이다. 그러니 사랑이 작품의 끝인 경우는 결코 없다. 영혼이 모든 의문, 분열에 만족할 만한 답을 얻을 때, 그때가 비로소 끝이다.

정리하자. 도스토예프스키는 우리에게 우리가 스스로 감춰버린 영혼을 끄집어낼 것을 강요한다. 세상사에 찌들대로 찌들어 아예 사라져버리다시피 한 내면을 드러낼 것을 원한다. 내 영혼이 갈망하는 것이 과연 그토록 내가 목매달고 있는 그것인가? 이렇게 그는 묻는다. 그가 내세운 인물들은 그의 전령사다. 그들의 대화에 참여하시라. 내가 당연하게 받아들였던 것에 의문을 던지고, 아프게 후벼 파는 그들의 사랑을 허락하시라. 어느새 스스로 내면의 대화에 몰두하는 자신을 발견할 것이다.

〈죄와 벌〉에서는 여기에 한두 가지가 첨가된다. 첫째, 작품의 시공간과 등장인물의 내면이 긴밀하게 연결되어 있다. 둘째, 라스콜리니코프의 주변 인물들은 그의 영혼을 반영하는 분신들이다. 분열된 낱낱의 라스콜리니코프들이다.

〈죄와 벌〉의 시공간

먼저, 여기 나오는 공간은 실제 공간이 아니다. 물론 배경

이야 실제의 상트페테르부르크다. 그러나 왜 하필 상트페테르부르크인가. 당시 러시아는 이제 막 농노제를 철폐한 과도기적 상황이었다. 서유럽의 물질문명과 합리주의를 받아들였지만 여전히 봉건제가 존재하는 상태다. 농노제를 폐지한 바람에 농지에서 쫓겨난 수많은 사람들이 도시로, 도시로 밀려들어와 있다. 그들은 도시의 룸펜, 프롤레타리아, 창녀들이다. 수백 년 고도인 페테르부르크는 그야말로 이중적 공간이다. 고풍스러운 궁전과 천년의 역사를 담고 흐르는 네바 강, 넓게 펼쳐진 도로, 그러나 겉보기에 화려한 이 도시의 뒷골목과 지하는 시궁창이다. 빛과 어둠, 지상과 지하, 삶과 죽음, 선과 악, 문명과 야만이 뒤엉킨 신비로운 공간이다. 이곳이라야 라스콜리니코프 같은 이가 탄생할 수 있는 것이다. 그 역시 이중적이다. 이성과 광기, 멀쑥한 외모와 질병, 그는 당시 드물었던 대학생이면서 지독한 가난에 시달린다.

그가 사는 다락방은 '벽장' 같은 곳이다. 완전히 밀폐된 그곳은 누런 벽지로 너덜거린다. 그 질식할 것 같은 밀실에서 그의 사상이 싹튼다. 계단만 내려가면 곧장 대로로 향하건만, 그는 밀실에 갇혀 있다. 그에겐 공기가 없다. 그의 방은 페테르부르크의 축소판이다. 공기 없는 이성, 광기와 이성의 뒤엉킴, 이것이 그의 사상을 낳은 자양분이다. 그러나 그 역시 그 사상을 그렇게 확신하는 건 아니다.

그러나 집으로 돌아간다는 것이 문득 견딜 수 없이 싫어졌다. 거기, 그 구석, 그 지독한 골방 속에서 한 달 이상이나 무르익었던 생각이 아닌가. 그는 눈길이 닿는 대로 걷기 시작했다.

그가 자주 걷는 센나야 거리는 더 이상 광장이 아니다. 수많은 사람들로 뒤엉켜 있지만, 그는 사람을 보지 않는다. 그의 거리는 맑은 공기, 트인 시야를 도무지 보장해 주질 않는다. 그와 마주치는 사람들은 모두 누렇게 떴고, 그들이 입은 옷은 누더기다. 이를테면 그의 '벽장'을 둘러싼 너덜거리는 누런 벽지들이다. 그렇다. 센나야 거리는 그의 방의 축소판이다. 이렇게 페테르부르크, 센나야 거리, 그의 방은 그의 내면 공간이다.

그가 죽인 노파의 방은 또 어떤가.

방에는 특별한 것이라곤 하나도 없었다. 가구는 노란색 나무로 만들어져 있었는데, 모두 몹시 낡은 것들이었다. 나무 등받이가 구부러진 큼직한 소파와 그 앞에 놓인 타원형 탁자, 창과 창 사이의 벽에 붙은 거울 달린 화장대, 걸상들, 그리고 독일 귀부인이 손에 새를 들고 있는 싸구려 그림들이 표구된 두세 개의 노란 액자들, 이것이 전부였다. 방의 한쪽 구석에 걸린 작은 성상 앞에는 촛불이 켜져 있었다. 모든 것이 너무나도 깨끗했다. 가구도 마루도 광이 나도록 닦여져 있었다. 모든 것이 윤이 나고 있었다.

이것이 수전노 전당포 여주인 노파의 방이다. 촛불이 켜

187

진 성상은 수많은 사람을 착취하는 자의 신앙을 상징한다. 이 발소에 걸릴 법한 액자는 그의 소시민적인 천박한 취향을, 어울리지 않는 깨끗함은 그의 결벽증, 그만의 청결을 보여준다. 이처럼 이 방은 노파의 위선적인 내면을 여지없이 드러낸다.

그럼, '거룩한 창녀' 소냐의 방은 어떨까?

소냐의 방은 어쩐지 창고처럼 보였고, 심하게 일그러진 네모꼴을 하고 있어서, 무언가 기형적인 느낌이 들었다. 운하를 향해 세 개의 창을 낸 벽은 방을 비스듬히 가로지르고 있었으므로, 이로 인해 방의 한쪽 구석은 지독할 정도로 예각을 이루면서 안으로 깊숙이 들어가 있었다. … 예각에 가까운 맞은편 벽에는 작고 소박한 나무 서랍장이 빈 공간에서 길을 잃은 듯이 서 있었다.

그녀의 방은 기형적으로 일그러진 그녀의 삶을 그대로 보여준다. 그녀의 내면은 안으로, 안으로 침잠해 있다. 그러나 라스콜리니코프처럼 세상과 단절되지 않았다. 방에 세 개의 창이 있듯이, 그녀는 세상을 향해 활짝 열려 있다. 빈 공간에 서 있는 서랍장처럼 그렇게 누구든지 채울 수 있도록 말없이 기다리고 있는 것이다. 먼저 찾아나서는 용기는 없지만, 언제든지 맞이할 자세를 갖추고 있다. (그리고 이것이 '소냐-예수'의 진면목이다.)

〈죄와 벌〉의 시간은 객관적 시간과 아무 상관이 없다. 라스콜리니코프가 노파를 죽이면서 시작된 작품의 시간은 그가 자수하기까지 불과 일주일이다. 그 일주일이 무려 800쪽에 달하는 장편을 만든 시간이다. 그 긴 분량 속에서 수많은 시간의 덩어리가 뒤엉켜 있다. 그렇다. 시간의 '덩어리'다. 성 아우구스티누스가 제안했고 베르그송이 받아들였던 '지속되는 시간', 주관적 시간이다. 가령 라스콜리니코프가 노파를 죽이기까지 고뇌하는 시간은, 시계바늘이 얼마나 흘렀건, 하나의 시간 덩어리다. 그것은 그의 내면의 시간이다. 그러니 독자들은 그의 시간을 내 시간으로 받아들일 필요가 있다. 크게 심호흡을 하고는 숨도 쉬지 않고 그 덩어리를 삼켜야 한다. 그럴 때 그의 영혼과 만날 수 있다.

〈죄와 벌〉의 건축학, 등장인물들

그의 주변 인물들은 모두가 라스콜리니코프와 엉켜 있다. 그저 사건을 중심으로 관계를 맺는 게 아니다. 앞에서 말했듯이, 그들은 영혼으로 엉켜 있다. 이 뒤엉킴을 이해하는 것이 이 작품을 감상하는 가장 중요한 포인트다. 안 그러면 참으로 단순한 스토리, 사랑의 위대함 따위만 건지는 상투적인 책 읽기가 되고 만다.

라스콜리니코프의 영혼의 양극을 이루는 가장 중요한 인물은 소냐와 스비드리가일로프다. 스비드리가일로프는, 라스콜리니코프가 자기 사상을 끝까지 밀어붙였을 때 될 법한 인물, 즉 그의 분신이다. '신을 죽인' 자는 무엇이든 할 수 있다고 생각한다는 점에서 그는 라스콜리니코프와 같은 부류다. 신을 없앤 자는, 곧잘 신이 사라진 자리를 자기가 메워야 한다고 생각한다. 신의 자리를 채우는 자기 힘을 확인하려 한다. 이때의 힘을 라스콜리니코프는 '권력'이라고 주장한다. 자유를 찾아 신을 죽였지만, 그 자유는 권력, 즉 군림하는 힘으로 변질되는 것이다. (이런 유혹은 이청준의 〈당신들의 천국〉에서 확인할 수 있다.)

그러나 그 권력행사의 결과는 자신을 비롯한 어느 누구에게도 자유를 안겨다주지 않는다. 우선 그것은 타인의 생명을 함부로 해치는 폭력으로 쉽게 변한다. 스비드리가일로프는 한 소녀와 하인과 아내를 죽게 한다. 타인의 자유만 침해하는 것이 아니다. 그가 죽게 한 이들은 유령이 되어 그에게 나타난다. 라스콜리니코프도 같은 꿈을 꾼다. 꿈속의 노파는 아무리 내리쳐도 죽지 않고 그를 비웃는다. 이렇게 권력화된 자유는 자기 선택만을 절대화하여 나와 이웃 모두를 파괴하기 십상이다.

힘으로만 확인하는 자유는, 더 큰 힘에는 절대, 죽으면 죽었지, 굴하지 않는다. 그러나 영혼의 불복종에는 굴하고 만다. 그는 신이 아니었던 것이다. 어찌 보면 영혼의 불복종이야말로 가장 큰 저항이다. 스비드리가일로프를 꺾은 것은 두냐다. 그녀는 그의 돈에 전혀 굴하지 않고, 오히려 그에게 총을 겨눈다. 두냐가 총을 발사할 때까지도 꺾이지 않던 그의 힘은 두냐가 총을 내려놓고 영혼의 불복종을 드러내는 순간, 허물어진다. 비로소 자기가 선택한 자유가 결코 자유가 아니었음을, 그의 권력이 한 번도 상대방의 자발적 동의를 구해 본 적이 없었다는 사실을 깨닫는다.

좌절한 자유가 할 수 있는 일은 뭘까? 그의 선택을 완전히 실현시켜줄 자유는 과연 무엇일까? 자살뿐이다. 자기 선택을 결코 배신하지 않을 유일한 선택! 그러나 그의 자살조차도 사실은 그 자신만의 선택이 아니다. 그가 물에 빠져 죽게 한 여자는 그로 하여금 도저히 빠져날 수 없는 '비'로 그를 에워싼다. 그는 거기 빠질 수밖에 없다. 그의 자살은 스스로의 선택이 아니라, 그가 행한 폭력이 낳은 필연적 귀결인 것이다.

라스콜리니코프도, 스비드리가일로프의 정반대 영혼인 소냐를 만나지 않았더라면, 자살했을 것이다. 그가 자수하러 가서 스비드리가일로프의 자살 소식을 듣고 다시 나오는 장면을 상기하라. 그가 다시 나온 것은 자신의 범행을 알고 있는 자의 죽음 때문이 아니다. 자살이라는 절대 자유를 실천한 스비드리가일로프에 비해 너무나 쉽게 자유를 포기하는 자신이 한심해서였다. 그는 처음부터 다시 시작해 볼 심산이었던 거다. 그리고 그 필연적인 귀결은 자살이었으리라. 그때 소냐가 지키고 섰다가 다시 경찰서로 밀어 넣어준 것이다. 스비드리가일로프는 라스콜리니코프를 대신해 죽었다.

소냐는 라스콜리니코프의 또 하나의 분신이다. 그의 영혼에 도사린 신의 모습이다. 소냐는 스스로를 죄인으로 여기고, 가장 낮은 자의 자리로 내려갔다. 그런 만큼 모든 모욕과 고통을 기꺼이 받아들일 자세가 되어 있다. 가장 큰 죄인인 그는 누구도 심판하지 않는다. 다만 상대방의 고통을 자기 고통으로 삼을 따름이다. 그는 말하지 않는다. 다만 바라볼 뿐이다. 그는 나아가지 않는다. 다만 받아들일 뿐이다. 상대방의 고통을 자기 고통으로, 상대방의 눈물을 자기 눈물로, 상대방의 기쁨을 자기 기쁨으로 삼을 뿐이다. 스스로 나서서 사랑한다는 것은 아예 꿈도 꾸지 않는다. 한 마디로 그는 '텅 빈 예수'다. 그렇게 텅 빈 자리를 만물이 메운다, 사람들이 들어온다, 그는 맞이한다, 그리하여 … 천국은 열린다. 가장 먼저 그를 찾는 이는 아이들이다. 계모의 아이들이 그랬고, 그가 세 들어 사는 이발사 카페르나우모프의 아이들이 그랬다. 라스콜리니코프가 소냐의 여동생 폴렌카와 나누는 다음 대화를 보라.

그는 그녀의 어깨에 양손을 대고서 어떤 행복감에 젖어 소녀를 바라보았다. 소녀를 보고 있자니 말할 수 없이 기분이 좋았다. 그러나 그 이유가 무엇인지는 그도 알 수 없었다.

(중략)

"소냐 언니를 사랑하니?"

"저는 언니를 누구보다도 사랑해요!" 폴렌카는 이상스러울 만

큼 단호한 말투로 대답했다. 미소 짓던 그녀의 얼굴이 갑자기 진지
해졌다.

"나도 사랑해 주겠니?"

대답을 듣는 대신 그는 그에게 다가오는 소녀의 얼굴과 그에게
입맞춤을 하려고 천진하게 내미는 아이의 볼록한 입술을 보았다.

라스콜리니코프의 영혼은 자기도 모르게 소냐를 닮았다.
요는, 그가 스비드리가일로프가 될 것인가, 소냐가 될 것인가
다. 물론 그는 둘 다를 만나게 되어 있다. 선택은 전적으로 그
의 몫이다. 다만, 그 속에도 '텅 빈 예수'가 도사리고 있다는
점만큼은 분명하다. 우리에게도 그렇다.

그의 여동생 두냐와 결혼하기로 했던 루진은 라스콜리니
코프 속에 든 공리주의를 반영한다. 그가 최초로 노파를 죽이
기로 마음 먹었던 것은, 다름 아닌 루진의 논리에 근거했다.
루진은 라스콜리니코프 앞에서 그의 공리주의 사상을 피력한
다. 각 개인의 이익을 보장해야 전체의 이익도 커진다는 발상.
이것은, 노파를 죽이기 전 술집에서 어느 대학생이 펼쳤던 논
리, 즉 노파 하나를 죽여서 수천의 생명을 살린다는 '간단한
산수'다. 그것을 계시처럼 받아들였던 라스콜리니코프다. 그
런데 지금 그의 태도는 어떤가.

"당신이 조금 전에 설교한 것을 끝까지 끌고 가 봅시다. 그럼,

사람을 찢어 죽여도 되는 것 아니오…?"

그의 이 말은 사실 자기에게 해야 할 말이다. 그는 심지어 이것을 실천조차 하지 않았던가! 그런 그가 루진을 경멸한다. 원래 자기 속에 없는 것을 경멸하는 경우는 없다. 그의 영혼이 살인에 들떴을 때 내세웠던 논리가 얼마나 허술한 것이었던가는 이미, 벌써 그 스스로가 알고 있다. 그러한 그가 루진과 두냐의 결혼에 찬성할 리 없다. 마찬가지로 또 하나의 루진인 그 스스로도 두냐와 어머니에게서 멀어지고자 한다. 도대체가 부끄러운 것이다.

라주미킨은 라스콜리니코프에게 가장 결여된 '공기'다. 그는 세상을 향해 활짝 열린 존재다. 그는 자기 신념을 확신에 차서 밀어붙일 줄 안다. 그러면서도 절제할 줄 아는 강인한 사람이다. 무엇보다 그는 유쾌하다. 이 모습은 내면의 신을 발견한 이후, 라스콜리니코프가 이뤄야 할 지향점이다. 라주미킨의 세계 긍정은 그의 세계 인식, 특히 인간 인식에서 드러난다.

살아 있는 영혼은 삶을 요구하고, 살아 있는 영혼은 기계학에 순종하지 않으며, 살아 있는 영혼은 의심이 많고, 살아 있는 영혼은 반동적이야! (중략) 공동 숙사는 만들어졌지만, 그 공동 숙사에 살게 될 인간의 본성은 아직 준비되지 않았어. 본성은 삶을 원하고, 삶의 과정은 아직 완료되지 않았으니, 아직 무덤에 가기는 이르지! 단 하나의 논리로는 인간의 본성을 뛰어넘을 수 없는 일이야!

　이것이다. 그에게 인간은 영혼이다. 그 영혼은 살아 있어야 한다. 그 살아 있는 영혼은 무한하다. 이 모든 무한, 곧 차이들이 뒤엉키는 것을 통해서만 역사가 진행된다. 역사는 이질적인 영혼의 아우성으로 전개되어 왔다. 어떤 하나의 논리로, 하나의 사회 질서(공동 숙사)로 영혼을 규정하려는 짓은 '과제를 너무 쉽게 해결하려는' 안이함이다. 그 획일적 질서에 안주하는 것은 무덤에 기어들어가는 것, 곧 영혼의 죽음일 뿐이다. 오늘 우리의 삶을 돌아보게 하는 지점이다. 이런 점에서 보자면, 라스콜리니코프는 과제를 너무 쉽게 해결하려고 한 것이다. 영혼, 곧 삶의 무한성을 견디지 못해 불편과 반동을 제거하고자 한 것이다.

　마르멜라도프는 가난과 고통의 끝을 보여주는 인물이다. 그는, 다른 인물들이 그렇듯, 가난을 끝까지 밀어붙인다. 잠시도 술 마시기를 멈추지 않는다. 그 결과 그는 카테리나와 소냐를 희생시키기에 이른다. 타인을 희생시키는 무능한 존재, 이런 존재는 라스콜리니코프의 노선 중 하나인 공리주의에 따르면 사라져야 마땅할 존재다. 그런데 그는 처음부터 마르멜라도프에게 이상하게 끌린다. 심지어, 제거 대상인 그를 돕기조차 한다. 가난의 동지라서? 노파를 죽여 구제하려는 대상이라서? 그보다 훨씬 큰 것을 마르멜라도프는 가지고 있다.

그는 어렵게 살다가 제법 괜찮은 일자리를 구했다. 온 가족이 기뻐했을 것은 불문가지다. 빚을 내서 옷과 구두를 장만하고, 카테리나는 그의 뺨을 꼬집으며 '이런 귀염둥이 양반'이라고까지 할 정도다. 그런데 그는 받은 급여를 봉투째 훔쳐 술을 퍼마신다. 집에도 들어가지 않고. 대체 작가는 뭘 보여주려는 걸까? 라스콜리니코프는 비범한 자로서 인류를 구원할 입법자가 되기를, 나폴레옹이 되기를 꿈꾼다. 그의 꿈은, 한 마디로, 라주미킨이 말한 '공동 숙사'다. 그러나 살아 있는 영혼인 마르멜라도프들은 결코 거기 안주하지 않는다. 두냐가 루진이나 스비드리가일로프의 돈에 굴하지 않듯이. 감사의 눈물을 흘리기는커녕 오히려 안락한 잠자리를 박차고 기꺼이 가난과 고통의 나락으로 떨어진다. 결국 라스콜리니코프는 실현불가능한 꿈, 영혼들을 말살하지 않고서는 결코 이루지 못한 유토피아를 꿈꾼 것이다. 이 '살아 있는' 주정뱅이는 이렇게 선포한다.

"지혜로운 이들아, 내(神)가 그들(주정뱅이)을 받아들이노라. 합리적인 이들아, 내가 받아들이노라. 이들 중에서 자신이 구원받을 만한 가치가 있다고 여기는 사람은 아무도 없으므로 내가 이들을 받아들이노라."

그는 이미 스스로 구원을 이루었다. 이처럼 마르멜라도

프는, 라스콜리니코프의 이성과 권력으로는 인류를 구원할 수 없다는 것을 보여준다. 아직 라스콜리니코프는 그것을 알지 못하고 있지만, 그의 본능은 이미 감지하고 있다. 그래서 끌리는 것일 게다.

포르피리는, 라스콜리니코프가 극복하려는 질서의 대변자다. 그는 비범한 인물의 등장을 막으려는 평범한 사람들을 대표한다. 그러나 포르피리는 비범한 인물을 제거하는 데 혈안이 된 '무식한 질서'가 아니다. 오히려 그는 기존 질서의 문제점을 잘 알고 있고, 그 질서에 이미 녹아버린 자신의 무력감을 느끼고 있다. 따라서 그는 라스콜리니코프처럼 질서를 넘어서려는 순결한 영혼을 아끼고, 나아가 부러워하기조차 한다. 그 젊은 영혼이 이 질서를 개선해 줄 것을 고대한다. 이를 위해서도 이 젊은이의 자기파멸적인 사상을 극복해야 한다. 그 사상이 낳은 결과를 어떻게든 해결해야 한다. 내 생각에 도스토예프스키는 포르피리의 입을 빌어 자기 얘기를 하는 것 같다.

법학도들은 포르피리의 접근법을 통해 범죄심리학 공부를 한다고 한다. 충분히 공부할 만하다. 그만큼 그는 치밀하다. 그의 접근법에서 가장 배워야 할 것은 상대의 심리를 파악할 때, 그 상대방만큼, 아니 그보다 더 치밀하게 상대방의 논리속에 빠져든다는 사실이다. 그는 라스콜리니코프의 심리적 파탄 상태를 진심으로 이해한다. 그랬기에 라스콜리니코프가 안고 있는 결정적인 문제점을 발견할 수 있었다. 그 문제점은 바로 '탁상공론'이다. 그 이론이 '단호하게' 현실로 뛰어들었던 거다. 이론은 단순하다. 그러나 현실은, 그리고 이론가의 영혼은 결코 단순하지 않다. 이렇게 무한한 현실과 무한한 영혼이 뒤엉켜 순진한 이론가를 부조리의 늪으로 빠뜨린 것이다.

이런 심리적 파탄을 파악한 포르피리는 불을 향해 무작정 뛰어드는 불나방처럼, 라스콜리니코프가 뛰어들기만을 기다린다. 적어도 겉보기에는, 그의 작전이 보기 좋게 들어맞았다. 그러나 사실 포르피리의 논리는 라스콜리니코프도 이미 알고 있다. 아는데도, 그래선 안 된다고 누차 다짐하는데도 몸이 말을 안 듣는 거다. 그의 이론이 가진 한계 때문이다. 그 이론은 도무지 '공기'를 견디지 못한다는 근원적인 한계를 갖고 있다. 이제 포르피리는 진심으로 충고한다.

교활하게 머리를 짜내지도, 아무 생각도 하지 말고, 삶 속으로 뛰어드십시오.

라스콜리니코프, 젊은 영혼, 단숨에 정답을 찾으려는 조급증 환자, 그에게 필요한 것은 '공기', 즉 삶이었다. 이처럼 포르피리는 라스콜리니코프가 겪는 고통을 분석하여 원인을 찾아내고 그 해결책까지 제시하는 또 하나의 라스콜리니코프, 도스토예프스키 자신이다. 그러나 포르피리 역시 이론가다. 이론은 이론을 꺾을 수는 있지만, 삶을 바꾸진 못한다. 그 몫은 소녀의 삶에 주어진다. 삶을 움직이는 건 삶이다!

왜 죽였나

이 대목이 참 난감하다. 뒤죽박죽이기 때문이다.

그가 남에게 내세우는 이유는, 대개의 강도사건과 마찬가지로, 돈이 필요해서다. 그 돈으로 공부도 하고 가족도 부양하고 좋은 일도 하고 싶었다는 거다. 그러나 이건 결코 영혼의 사나이가 할 소리가 아니다. 살인을 한 후, 그는 훔친 돈을 묻어둔 채 확인조차 않는다.

다음의 이유가 앞에서 본 '공리주의'다. '이'에 불과한 노파를 죽여서 그의 돈으로 수많은 사람을 구제하겠다는 '숭고한' 발상이다. 말 그대로 인류애의 구현이다. 처음 그는 정말 자신이 이 뜻에 따라 죽였다고 확신했다. 더구나 사건 직전에 술집에서 우연히 들은 대학생과 장교의 대화는 이런 자기 뜻이 일종의 신의 섭리인 것처럼 다가오게 했다. 그때 대학생은 추악한 하나를 제거하여 선량한 다수를 구제하는 것이 정의라고 했다. 그 얘기를 들은 장교는, '실천하지 않으면 논리적 정의가 무슨 소용이냐'고 반박했다. 이것이 젊은 라스콜리니코프의 피를 끓게 했다. 그렇다, 이것이 바로 젊은이를 테러리즘으로 몰고 간다. 자기 정의가 절대적으로 옳다면, 그것을 실천하는 것은 일종의 순교자 정신이 된다. 이 절대 정의를 '인류애'

니 '평화'니 '신'이니 '민족'이니 '역사'니 하는 숭고한 명분이 떠받든다. 실천하지 않는 것은 비겁한 자의 길이다.

그러나 이것도 그의 살인을 정당화해 주지 못한다. 대체 누가 그에게 이런 순교자 자격을 부여했단 말인가? 병약하고 가난한, 지극히 평범한 대학생인 그에게? 그에게는 어떤 명분보다 더 이 권리가 필요했다. 이때 떠올린 것이 바로 '나폴레옹'이다. 인간은 두 부류로 나뉜다. 평범한 다수와 비범한 소수. 이 비범한 소수는 인류의 진보에 도움을 준다. 그들은 인류를 위한 입법을 위해 피를 흘려왔다. 나폴레옹이 그 대표적인 인물이다. 물론 비범한 자의 살인도 범법행위다. 그러나 그들은 실정법을 뛰어넘은 자들이다. 설령 실정법에 따라 처벌된다 해도 그들에게는 살인할 '양심상의 권리'가 있다.

이렇게 논리적으로 무장하자, 이제 남은 것은 하나뿐이다. 과연 내가 그 비범한 자, '나폴레옹'일 수 있는가? 그리하여 인류를 위한 입법, 전 세계의 통합을 이룰 수 있는가? 그것을 이루기 위해 필요한 것은 '힘'이다. 신은 인류를 위해 그 어떤 것도 하지 않는다. 아니, 질서는 신을 팔아 인간을 노예로 삼지 않는가! 신은 죽었다. 그렇다면 이제 신을 대신할 입법자, 그 힘이 필요하다. 이 평범한 자들의 질서를 꺾을 힘이! 그 힘이 내게 있는가? 살인은 그 힘을 확인하는 길이요, 이후 지속적으로 힘을 기르기 위한 첫 출발이다. 양심상의 권리를 논리로 떠드는 것에 머문다면 스스로 평범한 자임을 노출하는 꼴

밖에 안 된다. 이것이 그가 심사숙고한 끝에 내린 살인의 이유다. 그는 자신의 신념을 확인하기 위해, 그 신념을 이룰 만한 자기의 비범성을, 자신의 힘을 확인하기 위해 기꺼이 살인에 뛰어든 것이다.

사람들은 변하지 않을 것이며, 그들을 개조할 사람은 누구도 없다고, 그러니 애쓸 가치조차 없다는 것을 깨달았어! 그래, 바로 맞아! 그게 인간의 법칙이야… 법칙, 소냐! 바로 그래…! 그리고 난 알아, 소냐. 머리와 정신이 견고하고 강한 사람이라야 사람들의 주권자가 된다는 사실을 말이야! 더 많이 용기를 내어 일을 감행하는 사람만이 사람들 눈에는 옳아 보이는 거야. 보다 많은 것을 무시하는 자만이 그들의 입법자가 되고, 더 많은 일을 해치울 수 있는 사람이 그 누구보다도 옳은 사람이 되는 거야! 지금까지 그래 왔고, 앞으로도 그럴 거야!

이상의 두 가지 살인 동기는 이후 끊임없이 뒤엉킨다. 그는 인류애라는 '천사'의 이상을 실현하기 위해 기꺼이 '악마'의 힘을 발휘하기로 한 것이다. 그의 이성은 그의 살인을 허락했다. 이제 그는 이성의 명령에 따르기만 하면 된다. 이미 '양심'도 편안하다. 왜냐? 그가 제거하는 것은 사람이 아니라, 한 마리 '이'일 뿐이므로.

그러나 그의 동기는 진정한 동기가 아니다. 사건 전과 직후까지 그는 이것이 동기라고 착각했다. 단숨에 살인을 저지르고 난 이후 그는 진짜 동기를 발견한다. 그의 말마따나 나폴레옹이라면 스스로가 '나폴레옹'일 수 있을까라는 문제로 그렇게 심각하게 고민하지 않았을 것이다.

죄와 벌

정작 그를 살인 현장으로 이끈 건 이성이 아니다. 우연한 계기들, 꿈, 열병과 같은 이끌림에 따랐을 뿐이다. 살인 현장에서 문도 걸지 않고 돈도 제대로 챙기지 못할 만큼 그는 서툴렀다. 들키지 않고 빠져나온 것도 순전히 요행이었다. 그렇게 '거사'를 치른 그였지만, 정작 제가 훔친 지갑 속에 돈이 얼마나 들었는지조차 확인하지 못한다. 그의 이성은 그를 떠났다. 이성은 영혼을 설명하지 못한다.

대개 처음 〈죄와 벌〉을 읽었을 때는 그의 죄가 '살인'이라고 생각하고, 그가 아무리 이성적으로 살인을 정당화하려 해도 결국은 도덕을 못 벗어난다고 생각하기 쉽다. 그러나 거듭 읽으면 그의 죄는 '살인' 자체가 아니다. (물론 법적인 처벌은 당연히 받아야 한다.) 그 스스로는 한 번도 살인이 죄라고 생각하지 않는다. 그처럼 치밀한 논리를 근거로 삼았는데, 그렇게 쉽게 질서가 부여한 도덕에 굴할 리 없다.

아무튼 사건 이후 그는 지독한 열병에 사로잡힌다. 거의 광기에 가깝다. 읽다보면 주변 사람들이 그를 살인범으로 단박에 지목하지 않는 것이 이상할 정도로 그는 끊임없이 자기 행위를 누설한다. 그의 이성은 주로 살인의 정당성, 용의자로 지목받지 않기 위한 방안 따위에 집중한다. 반면 그의 몸은, 감성은 끊임없이 그를 나약하게 한다. 못 견딘다. 그러나 왜 그러는가? 그토록 확고부동한 신념을 가졌는데?

그 스스로의 진단은 이렇다. 그는 진정한 자유인, 인류의 구원자가 되기 위한 첫 발을 떼었다. 당연히 평범의 질서를 뛰어넘어 비범으로 넘어가야 한다. 그런데 그는 도무지 그리 하지를 못하고 있다. 기껏 뗀 첫 걸음인데, 거기서 꼼짝을 못 하고 있는 것이다. 혹시 그의 논리에 문제가 있었던 것은 아닐까? 그러나 그는 끝내 그의 논리를 굽히지 않는다. 그렇다면 뭐가 문제인가? 그의 입으로 직접 들어보자.

"이제 이 모든 것을 알겠어…. 아마 다른 길을 가더라도, 다시는 절대로 살인을 하지는 않을 거야. 나는 다른 것을 알고 싶었어. 그것이 나를 충동질했어. 나는 그때 알고 싶었던 거야, 어서 알고 싶었어. 다른 사람들처럼 내가 '이'인가, 아니면 인간인가를 말이야. 내가 선을 뛰어넘을 수 있는가, 아니면 넘지 못하는가! 나는 벌벌 떠는 피조물인가, 아니면 권리를 지니고 있는가…."

그렇다. 그의 거창한 논리는 그저 논리일 뿐, 그 자신의 얘기는 아니었다. 그는 다만 자기가 이런 신념을 가지고 그것을 실천할 수 있는지, 인간으로서의 권리를 주장할 수 있는지를 확인하고 싶었던 것이다. 그토록 거창한 신념을 지닌 내가 왜 이렇게 그것을 못 견뎌 하는가로 고민고민하다가 결국 얻은 결론은, '내가 다른 사람들과 똑같은 '이'라는 사실이다. 도무지 질서의 저편으로 넘어서지 못하는 평범한 자에 불과하다는 결론이다.

"나는 나 자신을 죽였어, 노파가 아니라! 그렇게 단칼에 나는 나 자신을 영원히 죽여 버린 거야…! 그 노파를 죽인 것은 악마지, 내가 아냐…."

결국 그가 자수한 것은 그 자신을 죽인 죄에 대한 대가를 치르고 싶어서였다. 넘어서야 할 선을 넘지 못하고 결국 자수하고 만 것, 이것이 그가 인정하는 그의 범죄다. 그러나 과연 그럴까? 그가 죽인 건 결국 비범한 자가 되지 못하는, 이미 죽어버린 '이' 같은 자기였을까? 그처럼 자신을 죽였더라면 차라리 나았으리라. 그러면 구원받을 수 있을 텐데…. 그러나 그는 아직 자기를 죽이지 못했다. 죽은 자답지 않게 그는 여전히 자기 신념을 너무 많이 떠들고 있다. 그 신념이 얼마나 무서운 건지를 그는 모른다. 정말로 죽어야 할 것은, 신념을 지키지 못하는 자기가 아니라, 그 신념 자체다. 그 신념에 빠진, 그걸 제대로 지키지 못했다고 한탄하는 자신이다.

그의 신념이 갖고 있는 문제를 살피려면 그의 평소 삶을 봐야 한다. 그는 세상과 단절되어 있다. 그는 남의 진심을 모를 뿐더러 타인의 말에 귀조차 기울이지 않는다. 자기 주장을 펼칠 때는 대화를 나누지만, 근본적으로 남의 말을 받아들이는 법이 없다. 주위의 모든 사람은 항상 그의 설명을 들어야 하고, 그는 항상 가르쳐야 한다. 혹시라도 남의 얘기를 들어주는 경우, 그 상대방은 마르멜라도프나 카테리나처럼 연민의 대상이다. 그는 근본적으로 세상과 이웃을 경멸하고 있다. 그가 유형지에서 다른 죄수들을 어떻게 대하고, 어떤 대우를 받는가를 보라. 그런 그가 인류애, 인류의 입법자를 꿈꾼 것이다.

그가 노파를 죽인 후 갖게 되는 생각은 온갖 것에 대한 경멸이다. 도스토예프스키가 작가 노트에 쓴 미발표 글 중에 이런 말이 있다.

"인간은 얼마나 비열한가? 그들 앞에서 내가 죄를 뉘우칠 만한 가치가 있는가? 아니다. 나는 침묵할 테다. (중략) 하지만 혐오감을 간직한 채 말이다. 인간은 얼마나 비열한가. 아니다. 그들을 두 팔로 끌어안고, 그 다음 그들에게 선을 행하고 난 그들을 사랑할 수 있을까? 인류에 대한 증오심을 품으면서…

—콘스탄틴 모츨스키 〈도스토예프스키1〉

그의 인류애는 이웃을, 세상을 경멸하는 자의 사랑이다. 비열한 자들을 사랑하는 일종의 연민의 정이다. 철저한 강자의 논리, 힘의 논리다. 강자가 약자를 사랑하는 방법은 유일하다. '연민'의 정뿐이다. 그래서 니체는 적선(積善)을 그토록 경멸했고, 원수를 사랑하라는 말을 원수를 모독하는 것으로 해석하여 거부한 것이다. 신을 없애고 대신 자기가 그 자리를 차지하고자 한 것, 그 앞에서 벌벌 떠는 피조물을 통치하고자 한 것, 이것이 라스콜리니코프의 가장 큰 범죄다. 라주미킨의 말대로, 그는 인류에게 공동 숙사를 지어주고 그 안에 비열하기 짝이 없는 인류를 수용하여 먹여 살리는 사육사를 꿈꾼 것이다. 살아 있는 영혼을 죽이려 한 것, 이것이 그의 가장 큰 죄다.

이것은 그가 인류의 입법자라 한 인물들의 공통점이다. 정복자들, 유토피아의 제시자들, 이들은 한 마디로 '사육사'였다. 인류라는, 한없이 비굴하고 먹여주기만 하면 무조건 따르는 무리들을 우리에 집어넣고 그들 위에 군림하고자 한 것이다. 이것은 〈카라마조프 가의 형제들〉에 나오는 이반의 대서사시 "대심문관"편에서 훨씬 상세히 펼쳐진다.

이런 씻을 수 없는 죄를 지은 라스콜리니코프에게 주어진 벌은 무언가? 그것은 말 그대로의 '지옥'이었다. 무엇이 지옥인가? 그것은 '더 이상 사랑할 수 없는 고통'(〈카라마조프〉에서 조시마 장로의 말)이다. 인류애에 불타지만, 그는 언제나 '관' 같은 그의 방 속에 갇힌다. 사람들을 찾아 센나야 거리를 헤매지만, 그를 맞이하는 사람은 … 없다.

어딘가 저 밑바닥, 바로 발밑 저 아래쪽에 지난날도, 이전의 사
상들도, 이전의 의문들도, 이전의 상념들도, 이전의 인상들도, 이 모
든 광경들도, 그리고 그 자신도, 그리고 모든 것, 모든 것이 숨겨져
있는 것 같았다…. 그런데 자기는 거기에서 어디론가 날아오르는 것
같고, 모든 것이 그의 눈앞에서 사라진 것 같은 느낌이었다…. (중략)
은화를 물속으로 던져버렸다. 그러고는 몸을 돌려 집을 향해 걷기 시
작했다. 그는 이 순간 모든 사람과 모든 것으로부터 자기 자신을 가
위로 도려낸 것만 같은 느낌이 들었다.

무한한 비밀이 숨겨져 있는 세상은, 그러나 이제 더 이상
그와는 상관없다. '모든 사람과 모든 것으로부터 가위로 도려
낸 것만 같은 느낌', 이것이 지옥이다. 심지어 그는 가족과도
단절을 선언한다. 무엇과도 어울리지 못하는 상태다. 심지어
는 유형지에서 수형자들과도 어울리지 못한다. 어떤 수형자는
그를 죽이려고까지 했다. 이보다 더 큰 형벌은 없을 것이다.

'소냐-예수'

지옥에 떨어진 라스콜리니코프를 구원한 것은 누구인가?
누구나 소냐 덕분임을 안다. 그런데 소냐의 무엇이 그를 구제

207

했을까? 소냐가 믿는 신일까? 그렇게 생각하면 라스콜리니코프는 그야말로 돌아온 탕자다. 도스토예프스키가 투철한 크리스천으로 알려진 사실을 감안하면, 충분히 이렇게 해석할 소지가 있다. 그러나 이 생각은 너무 단순하다. 조금만 생각해 보자. 라스콜리니코프가 왜 신을 죽였는가? 절대적 신이 인간의 자유를 박탈하고 대지를 부정하기 때문이다. 그가 죽인 신은 인간에게 주어진 모든 자유와 무한과 광활함을 다 없애고 단 하나의 진리만을 강요하는 신이다. 그 신은 교회가 창조한 아버지 하느님이요, 그 외아들 우리 주 예수 그리스도다. 천국과 지옥을 무기 삼아 인간을 옭아맨 신이다. 한 마디로 인간을 노예로 삼는 신이다. 그래서 신을 죽인 거다. 그래야 인간이 살아나니까.

도스토예프스키 대표작인 5개의 비극에 나오는 모든 무신론자들은 자살과 같은 비참한 최후를 맞는다. 이를 근거로 그가 투철한 크리스천이었다고 주장할 수 있다. 그러나 그는 왜 그토록 줄기차게 무신론자를 작품에 등장시킬까? 게다가 그의 무신론은 작품을 발표할수록 치밀해진다. 그리하여 〈카라마조프 가의 형제들〉의 이반은 장엄한 서사시마저 내놓는다. 잠시 도스토예프스키의 말을 들어보자.

"의심할 여지없이 그리스도는 우리가 있는 그대로 우리를 사랑할 수 없었다. 그는 우리를 참고 견뎠다. 그는 우리를 용서했지만 물론 우리를 경멸했다⋯."

　　　　　　　　　　　　　　　— 얀코 라브린 〈도스토예프스키〉

　그가 두려워하는 그리스도는 앞에서 살펴본 라스콜리니코프를 그대로 닮았다. 왜 아니겠는가! 예수는 빵과 기적의 유혹을 뿌리치고, 인간에게 무한대의 자유의지를 부여했다. 그랬는데 인간은 기껏 얻은 자유를 내팽개치고 기어이 빵과 기적을 베푸는 권력에 기꺼이 복종하는 노예가 되어버렸다. 사람들은 예수가 목숨 바쳐 지킨 자유의지를 스스로 박차고, 그의 십자가를 연민의 상징으로, 일방적 복종의 대상으로 삼아버렸다. 기어이 '예수'를 '그리스도'(메시아, 구세주)로 바꾸었다. 스스로의 힘으로는 구원을 이룰 수 없는 존재, 스스로 하느님을 만날 수 없는 나약한 존재, 빵과 기적만을 바라고 기도와 헌금만으로 천국행을 구걸하는 존재, 이런 인간일지라도 그리스도는 사랑한다. 그러나 그의 사랑은 인간을 불쌍히 여기는 동정과 연민일 뿐이다.

　신의 죽음을 선포한 니체가 거부한 것은 바로 이 그리스도였다. 나는 도스토예프스키도 니체와 똑같다고 본다. 아니, 니체가 도스토예프스키의 영향을 크게 받았다고 본다. 그들은 교회가 창조한 '그리스도'를 거부하고 대신 '예수'를 되살리고자 하였다. 우리를 벗으로 대하는 예수, 우리와 똑같은 사람의 자식으로서 죽어버린 하느님을 되살리고자 한 예수 말이다.

이제 우리는 그 예수를 소냐를 통해 만날 것이다. 그리고 그 '소냐-예수'가 살린 하느님의 실체를 어렴풋이나마 발견하고자 한다.

소냐 자신의 입을 통해서 새로운 예수상을 보도록 하자.

그녀는 스스로를 죄인으로 여긴다.

"나는… 더러운 여자예요…. 나는 큰, 크나큰 죄인이에요!"

이렇게 스스로 죄인 되는 자는 모든 이 앞에서 겸손하다. 완전히 자기를 비운다. 그 텅 빈 영혼 속으로 모두가 스며드는 것이다. 그녀는 스스로 죄인 된 자이기에 다가오는 자를 가리거나 거부하지 않는다. 거부하다니, 그게 있을 법한 일인가! 죄인인 그녀에게 다가오는 사람은 얼마나 고마운 존재인가. 그러므로 라스콜리니코프에게 소냐가 참 고마운 존재이듯이, 소냐에게는 라스콜리니코프야말로 고마운 존재다. 창녀인 자기를 그토록 존중해 준 사람이 어디 있었는가. 그러니 "내가 노파를 죽였다"는 말을 듣고도 살인자를 껴안고 눈물을 흘린다. 그녀는 '마음이 가난한 자는 복이 있나니 천국이 저희 것임이요'라는 말씀을 체현한 존재, 하느님의 딸이다.

바로 '그에게' 반드시 '지금' 이 책을 읽어주고 싶어한다는 사실을. '나중에 무슨 일이 일어나도 상관없어!'

스스로 죄인 된 '텅 빈 예수'는 나서서 뭔가를 베풀지 않는다. 구원을 베풀지 않는다. 나자로의 부활 장면을 읽어달라는 라스콜리니코프의 요구가 있자, 그녀는 탈진한 상태에서도 요구를 수락한다. 이것이 '예수-소냐'의 사랑법이다. 그녀는 연민의 정으로 사랑하지 않는다. 함께 아파하고 함께 있어주고 상대방의 요구를 그저 들어줄 뿐이다. 그렇게 그녀의 사랑은 받아들이는 것이다, 진심으로.

죄인 된 자, 모든 것을 받아들일 수 있는 자, 다가오는 것에 감사할 줄 아는 자, 이 '소냐-예수'가 이루는 천국의 모습은 이렇다. 좀 길지만, 참 감동적이다.

또 하나 해결되지 않는 의문점이 있었다. 그들 모두가 왜 그렇게도 소냐를 사랑하는가 하는 점이었다. 그녀는 그들에게 아첨하지도 않았고, 그들은 그녀가 그를 보기 위해 잠깐씩 작업장에 올 때만 그녀를 만날 수 있었다. 그런데도 모두들 벌써 그녀를 알고 있었고, 그녀가 '그의 뒤'를 따라왔으며, 그녀가 어떻게 살고 있는지, 어디서 사는지도 알았다. … 그녀가 라스콜리니코프를 찾아 작업장에 나타나거나, 작업장으로 가는 수감자들의 무리와 마주치게 되면 그들은 모두 모자를 벗고 절을 하는 것이었다. "소피아 세묘노브나, 당신은 우리의 어머니예요. 상냥하고 사랑스러운 우리의 어머니요!"이 난폭하기로 소문난 유형수들이 작고 빼빼 마른 존재에게 이렇게 말하는 것이었다. 어떤 이들은 그녀에게 병의 치료를 청하기까지 했다.

211

누구인가, 그는? 4복음서에서 발견하는 예수의 참 모습 아닌가! 기적을 베풀고 그들의 죄를 사해 주는 '그리스도'가 아니라, 가장 낮은 자, 병들고 가난한 자들과 늘 더불어 있을 뿐인 예수! 그런 그들을 제자로 삼고, 이윽고는 '벗'으로 여기는 자. 모든 제자들이 배신하고 도망간 십자가에서 원망하기는커녕 용서하고 하느님께 감사할 줄 알았던 예수! 무엇이 이 것을 가능하게 하는가? 그것은 '마음이 가난한 자'일 때뿐이다. 그래서 "회개하라, 천국이 가까웠느니라"고 한 것이다.

라스콜리니코프는 이제 꿈을 꾼다. 저마다 자기 사상만이 절대 진리라고 우기다가 이윽고는 모두가 죽고 죽이는 파멸의 꿈을. 이제 더 이상 그의 신념은 진리가 아니다. 그 진리는 파멸의 꿈이었다. 그러고선 예수를 발견한다.

잠에서 깨어나 우연히 창으로 다가간 그는 문득 저 멀리 병원 문 옆에 서 있는 소냐를 발견했다. 그녀는 서서 마치 무언가를 기다리는 것 같았다. 그 순간 그의 마음속에 어떤 감동이 일었다. 그는 몸을 부르르 떨고 곧 창에서 물러났다.

'소냐-예수'는 그렇게 기다리고 있었다. 오라 하지 않았고 간다 말하지 않았지만, 그 예수는 그렇게 그 옆에, 그가 어떤 신념의 소유자인지를 가리지 않고 늘 함께 있었다. 이제 라스콜리니코프는 스스로 예수가 될 수밖에 없다. 그 속의 예수가 드디어 움직이기 시작했다. 그는 부활했다. 예수는 이렇게 부활하는 것이다!

그러나 우리는 마냥 감동만 하고 있을 순 없다. '예수-소냐'가 섬기는 그 신은 도대체 누구인가? 무엇이 무한감사와 무한용서의 삶을 가능케 하는가? 이 대답은 이 소설에서 참 찾기 어렵다. 다만 라주미킨의 '살아 있는 영혼'에 대한 언급에서 슬쩍 그 모습을 비칠 뿐이다. 무한대의 존재인 대지와 인간, 이것이 신일진저! 그 대지이신 하느님을 제대로 발견하려면 아무래도 우리는 〈카라마조프〉를 읽어야 할 것이다.

〈문제〉　다음 글에 나오는 대학생의 논리와 그것을 행동으로 옮긴 라스콜
리니코프의 행동에 대해 평가하고, 나름의 대안을 논술하시오.

　　바로 옆에 있는 작은 테이블에는 전혀 본 적 없는 대학
생과 젊은 장교가 자리 잡고 있었다. 그들은 당구를 치고 나
서 막 차를 마시러 온 길이었다. 그때 대학생이 젊은 장교에게
14등관의 과부인 돈놀이꾼 노파 알료나 이바노브나의 이야기
를 하고 그 주소를 가르쳐주는 소리가 들렸다. 대학생은 친구
인 장교에게 노파에 대해 자세한 이야기를 하기 시작했다.

　　"참 대단한 노파야" 하고 그는 말했다. "그 노파에게 가
면 언제라도 돈을 꿀 수 있거든. 유태인처럼 부자여서 한 번에
5천 루블이라도 꿀 수 있지만, 1루블짜리 전당도 받아주지. 내
친구들은 거의 다 그 노파집에 드나든다네. 그런데 지독한 노
파야…."

　　그리고 대학생은 그 노파가 얼마나 심술 사납고 변덕스러
운지 말하기 시작했다. 기한이 하루만 지나도 물건을 처분하
는 게 보통이고, 이자는 한 달에 5부 내지 7부씩 받는데다 물

건의 반값도 안 되는 돈으로 전당을 잡는다는 등의 이야기였다. 대학생은 한바탕 지껄이고 나서 노파에게 리자베타라는 동생이 있는데 그 조그맣고 사나운 노파는 늘 동생을 때리며 적어도 다섯 자 여섯 자나 되는 리자베타를 갓난아이처럼 완전히 노예 취급하고 있다는 말을 했다.

라스콜리니코프는 그들의 이야기를 한 마디도 빼지 않고 들었고, 또 모든 것을 이해했다. 리자베타는 노파의 동생이며 나이는 서른다섯 살이라는 것, 노파를 위해 밤낮으로 일을 하는데 집에서는 세탁부와 식모 노릇을 하고 밖에서는 남의 집 마루를 닦아주거나 삯바느질로 번 돈을 모조리 노파에게 갖다 바친다는 것, 그리고 어떤 주문이나 청탁도 노파의 허락 없이 결코 받는 일이 없다는 것, 노파는 이미 유언장까지 준비하고 있는데 거기에 보면 돈을 모두 N현에 있는 어느 수도원에 죽은 뒤의 추도비로 기부하게 되어 있다는 것, 그리고 리자베타는 이런 사실을 잘 알고 있다는 것 등이었다.

"자네에게 할 이야기가 있네. 나는 그 송충이 같은 할멈을 죽여 버리고 돈을 모조리 빼앗는다 하더라도 조금도 양심의 가책을 받지 않으리라고 생각하네" 하고 대학생은 열을 내어 말했다.

장교는 다시 큰 소리로 웃었다. 라스콜리니코프는 흠칫했다. "이거 정말 묘하게 들어맞는군!"

"나는 자네에게 진지한 문제를 제시할까 하네" 대학생은 점점 더 열을 띠었다. "지금 내가 한 말은 물론 농담이지. 그러나 자, 보게. 여기에 무의미하고 무가치한, 그리고 모든 사람의 해가 되는 병든 노파가 있네. 뿐만 아니라 아무짝에도 쓸모가 없으며 자기 자신도 왜 살아가는지 모르고 있는 늙어빠진 노파일세. 알겠나?"

"음, 알겠네." 열띤 목소리로 말하는 친구를 골똘히 바라보며 장교가 대답했다.

"자 더 들어보게. 또 한편으로는 원조가 없기 때문에 공연히 시드는 젊고 신선한 힘이 있다. 수없이 도처에 있다. 노파의 돈만 있으면, 백 가지 천 가지의 훌륭한 사업과 계획을 하고, 또 부활할 수 있다. 그것으로 수백 수천의 생명이 올바른 길로 돌려질 수 있을 것이다. 빈곤, 부패, 멸망, 타락, 화류, 병원에서 수십의 가족이 구원될지 모른다. — 그것은 모두 그 여자의 돈으로 할 수 있다. 그 여자를 죽여서 그 돈을 빼앗는다. 그러고 나서, 그 돈을 이용해서 전 인류에 대한 봉사, 공동사업에 대한 봉사에 몸을 바친다. 어떻게 생각하나? 하나의 사소한 범죄는 수천의 적선으로 보상할 수 없을까? 단 하나의 생명에 의해서 수천의 생명이 부패와 타락으로부터 구원을 받는다. 하나의 죽음이 백 개의 생명과 바뀐다. — 이것은 간단한 산수 문제가 아닌가? 그 폐병쟁이에다 우둔하고 간악한 노파의 생명이, 사회 일반의 저울에 달아봐서 얼마만한 의의가 있다고 생각하나? 이나 바퀴벌레의 생명보다 나을 것이 없는,

아니 그만한 가치도 없어. 왜냐하면 노파는 유해하거든. 그것은 남의 생명을 먹고 있어. 요전에도 홧김에 리자베타의 손가락을 물어서 하마터면 끊을 뻔했지!"

"물론 살아 있을 가치가 없지." 장교는 말했다. "그러나 그게 자연의 법칙이 아닌가?"

"아니 여보게. 인간은 자연을 수정하고 지도하고 있지 않나. 그렇잖으면 편견 속에 빠져 죽지 않으면 안 될 것일세. 그렇지 않고서는 한 명의 위대한 인물도 나오지 않았을 것일세. 흔히 의무니, 양심이니 하지만 나는 의무나 양심에 대해서 말하고 싶지 않네. 그러나 우리는 그것을 어떻게 해석하고 있다고 생각하나? 잠깐, 나는 자네에게 또 하나의 문제를 내겠네, 좋겠나?"

"아니, 잠깐 기다리게. 먼저 내가 문제를 내겠네. 괜찮겠나?"

"좋아!"

"자넨 지금 열변을 토했지만. 어떤가, 자네가 직접 노파를 죽일 수 있겠나?"

"물론 아니지! 정의를 위해서 부르짖는 것일세!"

"그러나 내 생각으로는 자네 스스로 결행하지 않는다면, 정의가 무엇인가?"

라스콜리니코프는 이 이야기를 듣고 당황했다. 그의 뇌리에 똑같은 생각이 생긴 바로 이때, 어째서 특히 이런 이야기,

이런 의견을 듣게 되었을까? 또 그가 방금 노파한테서 자기 생각의 싹을 품고 나온 이때, 무엇 때문에 노리고 있는 노파 이야기에 부딪혔을까? 왜 대학생은 자기가 생각한 그대로의 이야기를 했을까? … 그는 이러한 우연의 일치가 몹시 이상하게 느껴졌다. 이 싸구려 음식점에서의 이야기는 사건의 발견에 가장 커다란 영향을 주고 있었다. 마치 그 대화 속에 일종의 숙명, 일정의 계시라도 숨어 있는 듯이….

다락원 명작노트 016

죄와 벌

펴낸이 정규도
펴낸곳 (주)다락원

초판 1쇄 인쇄 2007년 1월 29일
초판 2쇄 발행 2021년 2월 5일

책임편집 안창열, 김지영
디자인 손혜정, 박은진
번역 오성환
삽화 손창복

다락원 경기도 파주시 문발로 211
내용문의: (02)736-2031
구입문의: (02)736-2031(내선 250~252)
Fax: (02)732-2037
출판등록 1977년 9월 16일 제300-1977-23호

Copyright ⓒ 2012, 다락원

출판사의 허락 없이 이 책의 일부 또는 전부를
무단 복제·전재·발췌할 수 없습니다.
잘못된 책은 바꿔 드립니다

값 8,500원

ISBN 978-89-5995-131-4 43740

<영어 독해력 증강 프로그램>
행복한 명작 읽기

〈행복한 명작 읽기〉는 기초가 약한 영어 초급자나 초, 중, 고 학생들이 보다 즐겁고 효과적으로 명작들을 읽으며 독해력을 키울 수 있도록 개발된 독해력 증강 프로그램입니다.

책의 특징

1 골라 읽는 재미가 있다. 초보자를 위한 350단어 수준에서 중고급자를 위한 1,000단어 수준까지 5단계 구성.

2 단계별로 효과적인 영어 읽기 요령과 영문 고유의 참맛을 느낄 수 있는 장치가 곳곳에.

3 읽기만 해도 영어의 키가 쑥쑥 – 해석을 돕는 돼지꼬리( ), 영어표현 및 문법 설명, 퀴즈가 왕창.

4 체계적인 듣기 학습까지. 전문 미국 성우들의 생동감 넘치는 원음을 담은 오디오 CD 제공.

✖ 왕초보 기초다지기 ✖

쉬운 영문을 통해 영어 독해에 대한 막연한 두려움을 없앤다.

Grade 1 Beginner 350 words

1 미녀와 야수
2 인어공주
3 크리스마스 이야기
4 성냥팔이 소녀 외
5 성경 이야기 1
6 신데렐라
7 정글북
8 하이디
9 아라비안 나이트
10 톰 아저씨의 오두막

Grade 2 Elementary 450 words

11 이솝 이야기
12 큰 바위 얼굴
13 빨간머리 앤
14 플랜더스의 개
15 키다리 아저씨
16 성경 이야기 2
17 피터팬
18 행복한 왕자 외
18 몽테크리스토 백작
20 별 | 마지막 수업

국판 | Grade 1, 2, 3 각권 6,000원
(오디오 CD 1개 포함)

Grade 4, 5 각권 7,000원
(오디오 CD 1개포함)

*어린왕자 8,000원
(오디오 CD 2개 포함)

**고도를 기다리며 9,000원
(오디오 CD 2개 포함)

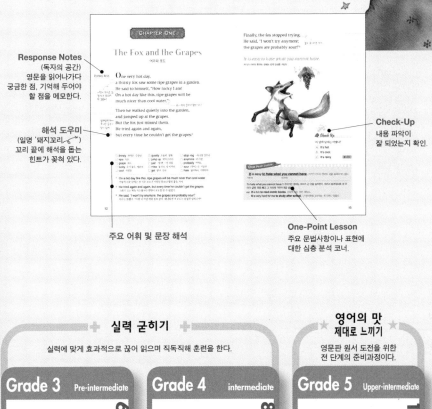

Response Notes
(독자의 공간)
영문을 읽어나가다
궁금한 점, 기억해 두어야
할 점을 메모한다.

해석 도우미
(일명 '돼지꼬리')
꼬리 끝에 해석을 돕는
힌트가 꽂혀 있다.

Check-Up
내용 파악이
잘 되었는지 확인.

주요 어휘 및 문장 해석

One-Point Lesson
주요 문법사항이나 표현에
대한 심층 분석 코너.

실력 굳히기

실력에 맞게 효과적으로 끊어 읽으며 직독직해 훈련을 한다.

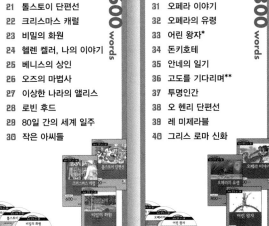

영어의 맛 제대로 느끼기

영문판 원서 도전을 위한
전 단계의 준비과정이다.

콕콕 찍어 들려주는 **명작
리스닝** 시리즈 [전20권]

세계 명작소설을 쉽게 고쳐 쓴 중·고생용 학습 교재. 독해와 함께 청취력 향상을 위해 전 내용을 녹음하고, 매 페이지에 리스닝 포인트를 두어 한국인이 듣기 어려운 부분은 또박또박한 발음으로 반복해 들려준다. 권말에는 영어듣기 테스트를 수록해, 입시에서 점점 비중이 높아지는 듣기시험에 대비하도록 했다.

□ 각 권 4·6판/140면 내외
□ 정가: 각 권 5,800원 (테이프 2개 포함)

패턴 따라 쉽게 쓰는 틴틴 영어일기 1, 2

❶ 일상생활 패턴정복
❷ 학교생활 패턴정복

중학교에 다니는 여학생과 남학생이 각각 일상생활과 학교생활을 중심으로 1년간의 일을 쉽고 재미있게 쓴 영어일기. 중학생이라면 누구나 한번쯤 겪어봤을 만한 일들을 바탕으로 한 다양한 일기 소재와 어휘가 제공되어 있기 때문에, 영어일기를 통해 영작을 연습하려는 학습자에게 큰 도움이 될 수 있는 교재이다. 중·고생뿐만 아니라, 중학 영어를 미리 예습하려는 예비 중학생들에게도 아주 효과적인 영어 학습서로 강추!

☐ 정미선 지음 / 4·6배 변형/192면
☐ 정가 10,000원 (오디오 CD 1개 포함)

Teen Teen Diary (전3권)

❶ 매일 10단어로 뚝딱 중학생 영어일기

중1 수준의 어휘와 문장으로, 영어일기와 일상회화에 대한 감각을 익힌다.

☐ 정미선 지음 / 신국판 / 144면
☐ 정가 7,500원 (테이프 1개 포함)

❷ 매일 5문장으로 술술 중학생 영어일기

중2 수준의 어휘와 문장으로, 영어일기에 친숙해지고 자신감을 쌓는다.

☐ 정미선 지음 / 신국판 / 152면
☐ 정가 7,500원 (테이프 1개 포함)

❸ 매일 내맘대로 쓱싹 중학생 영어일기

중3 수준의 어휘와 문장으로, 중학영어를 마스터하고 미국의 일상회화에 익숙해진다.

☐ 정미선 지음 / 신국판 / 144면
☐ 정가 7,500원 (테이프 1개 포함)

지니의 미국생활 영어일기 Hello! America (전2권)

❶ 가을학기 ❷ 봄학기

어느 한국 여학생의 미국생활 이야기를 일기 형식으로 담은 책. 1권은 '가을학기', 2권은 '봄학기'편으로, 총 1년간의 미국 학교생활 및 일상생활에 관한 흥미로운 이야기들이 담겨 있다. 미국 학생들의 실생활을 바탕으로 한 탄탄한 스토리로 살아 있는 현지 영어와 미국문화를 체험할 수 있을 뿐만 아니라, 영어 독해 및 영작 연습을 할 수 있는 아주 유용한 교재이다.

☐ 이지현 지음 / 국배판 변형 / 152면
☐ 정가 8,500원

Notes